Heilung des
HERZENS

Eva Sameena

Heilung des HERZENS

Der Schmerz einer Trennung ist der Samen,
aus dem die Liebe und das Leben neu erblühen

INTEGRAL

Verlagsgruppe Random House FSC® N001967
Das für dieses Buch verwendete
FSC®-zertifizierte Papier *Super Snowbright*
liefert Hellefoss AS, Hokksund, Norwegen.

Integral Verlag
Integral ist ein Verlag der Verlagsgruppe Random House GmbH.

ISBN 978-3-7787-9247-6

Das Leben ist ein Mysterium,
das in Liebe gelebt werden will,
kein Problem, das mit Gedanken
gelöst werden kann.

Jerry Thomas

Inhalt

Kapitel 1

Das Ende einer Beziehung

Eigentlich gab es keinen Grund, die Beziehung zu beenden. Oder es gab viele Gründe und gleichzeitig waren diese Gründe nicht *wirklich* ausschlaggebend, denn an ihnen hatte sich nichts verändert im letzten Jahr unserer Beziehung und vielleicht auch schon viel länger ... Jedenfalls war mir aufgefallen, dass es mir besser ging, als wir uns aus beruflichen Gründen ein paar Wochen in unterschiedlichen Ländern aufhielten. Und das hatte mir sehr zu denken gegeben. Liebte ich ihn noch? Die Antwort war Ja, aber dieses Ja war überdeckt von vielen widersprüchlichen Gefühlen, von Enttäuschung, Wut und Mutlosigkeit. Ich war müde, unendlich müde.

Die Entscheidung, einen Schlussstrich zu ziehen, war nicht über Nacht gekommen. Ich hatte darauf gewartet, ihn zu vermissen, mich darauf zu freuen, ihn endlich wiederzusehen, zumindest irgendetwas zu fühlen bei dem Gedanken, ihn bald wieder zu treffen ... Aber das Gefühl stellte sich nicht ein. Ich war froh, allein zu sein, und das war nicht das Gefühl »wie schön, mal wieder Zeit nur für mich zu haben«. Es war anders, folgenschwerer, fundamentaler.

Gleichzeitig dachte ich: »Wenn du jetzt aufgibst, war alles umsonst.« Doch egal, wie sehr ich versuchte, mich selbst vom Gegenteil zu überzeugen – das Gefühl, versagt zu haben, konnte ich nicht abschütteln.

Man sagt ja, für denjenigen, der die Beziehung beendet, sei es immer einfacher. Und ich hätte mir wirklich gewünscht, dass es so wäre, aber es fühlte sich nicht anders an als die Trennung, die wir einige Zeit zuvor vereinbart hatten (und die von ihm ausgegangen war). Ich hatte mich hilflos gefühlt damals, aber ich fühlte mich auch in dieser Situation hilflos – allein gelassen mit dem Gefühl, dass die Trennung ganz auf meinen Schultern lastete.

Für den Moment befand ich mich in einem seltsamen Schwebezustand. Ich lebte im ländlichen Indien ohne Telefon und mit einem nur gelegentlich funktionierenden Internetanschluss. Sollte ich ihm etwa eine E-Mail schreiben, dass ich darüber nachdenke ... Wie schreibt man so etwas? Nein, einfach warten, bis er wieder nach Indien kommt. Nur noch zwei Wochen. Vielleicht sieht die Welt dann schon wieder ganz anders aus.

Ich sitze in einem Internetcafé, ein Modem, zehn Computer, was oft bedeutet, dass sich nach zehn Minuten die Inbox öffnet. An manchen Tagen kann man eine E-Mail schreiben und sogar abschicken. Doch dann fällt der Strom wieder aus, und man merkt, ob der Inhaber den Generator mit Benzin gefüllt hat oder nicht ... Ich starre auf den Bildschirm, ich muss mit jemandem sprechen ... Komisch, auf was für Ideen man in einer Situation kommt, in der man sich wünscht, dass der Schwebezustand aufhört, und man selbst keine Entscheidung treffen will. Das Internet war »schnell« an diesem Tag. Eine kleine Anzeige auf dem Bildschirm sagte »Horoskope« und ich dachte: »Warum nicht, du hast für weitere fünf Minuten bezahlt und schreiben tust du eh nichts mehr heute.« Ich klicke auf den Button und gebe meine Geburtsdaten ein. Zwei Minuten später – welche Rekordgeschwindigkeit – öffnet sich mein Horoskop. Ich scrolle nach unten zum Thema Beziehung – und da steht ... Eine der wenigen Szenen aus diesen Wochen, an die ich mich noch glasklar erinnern kann, ist diese. Ich weiß, an welchem Computer ich saß, in welchem Internetcafé und was unter »Horoskope« auf dem Bildschirm stand: *It is time to leave a relationship and move on don't look for other options.* (»Es ist Zeit, eine Beziehung hinter sich zu lassen und weiterzugehen, ohne nach anderen Alternativen Ausschau zu halten.«) Ich lese den Satz wieder und wieder, spüre Erleichterung, Skepsis, Angst. Meine Hände fangen an zu zittern, ich kann keinen klaren Gedanken mehr fassen, Tränen schießen mir in die Augen ... Ich schließe den Bildschirm und gehe auf dem schnellsten Weg in meine Wohnung, den Blick starr auf den Boden geheftet, und hoffe, dass ich niemanden treffe, den ich kenne. Ich würde keinen Satz herausbekommen. Noch schlimmer wäre jemand, der mich fragt: »Was ist los mit dir?«

»Mein Horoskop hat mir gerade gesagt, es sei Zeit, meine Beziehung zu beenden.« Bloß niemanden treffen!

Das Schicksal ist mir gnädig, ich treffe niemanden, aber der Satz kreist weiter in meinem Kopf: *It is time to leave a relationship and move on don't look for other options.* Es ist doch nur ein Horoskop, wie komme ich überhaupt auf die Idee, dass …? Warum war das Internet heute so schnell? Bloß nicht überbewerten, mach dich nicht verrückt … Ist es ein Zeichen? Wer schreibt solche Sachen in Horoskope, steht da sonst nicht immer drin, dass alles wieder gut wird? Toll, was soll ich jetzt damit anfangen? Mit so einer eindeutigen Antwort hatte ich nicht gerechnet … Nachdem ich mehrere Stunden lang ohne großen Erfolg versucht hatte, mich wieder zu beruhigen, wieder vernünftig zu werden und mir gleichzeitig die Frage zu beantworten, warum das da wohl gestanden hatte, kam ich wieder auf den Boden. Punkt! Noch zwei Wochen, dann kannst du mit ihm sprechen.

Zwei Wochen können sehr lang sein, besonders dann, wenn von den Freunden keiner da ist. Eine gute Freundin war gerade dabei, ihre Familie in England zu besuchen. Eine andere reiste durch Nordindien, ein weiterer Freund war in Thailand. Es war die heißeste Zeit in Südindien – eine Zeit, die man, wenn man in Indien lebt, eigentlich nutzt, um Urlaub zu machen, was ich auch gemacht hatte, nur war ich zwei Wochen früher zurück als die anderen, zu früh.

Nach zehn Tagen, in denen ich das Thema Trennung so gut wie möglich auf sich beruhen ließ oder besser gesagt keine Klarheit bekam und mir gesagt hatte »du kannst ohnehin nichts entscheiden, warte einfach ab«, kam eine E-Mail von ihm. Er komme vier Wochen später, stand da, VIER Wochen, also sechs Wochen oder, um ganz genau zu sein, acht Wochen später als geplant, denn in den letzten zwei Wochen hatte er ja eigentlich auch schon da sein wollen … Und nein, er hatte keine beruflichen Termine mehr.

Er wollte auf dem Weg zurück nach Indien erst noch Urlaub machen und sich erholen. Was ich mit ihm besprechen wolle, sagte die E-Mail weiter, könne doch sicherlich noch warten, und er wäre auch ganz erholt, wenn er dann zurück sei. »Erholt! ... Aber ich nicht«, schoss es mir durch den Kopf. Ich war stinksauer. »Ich bin völlig unerholt und unentspannt. Ich sitze auf Kohlen und kann keine vier Wochen mehr warten. Was denkt er sich eigentlich, das Treffen weiter und weiter hinauszuzögern. Wir waren kurz vor meinem Rückflug nach Indien gemeinsam im Urlaub gewesen – in einem sehr angespannten Urlaub zugegeben ... Und was könnte ich wohl möglicherweise mit ihm besprechen wollen, und zwar *nicht* per E-Mail?« Das waren meine Gedanken. Ich machte das Fenster zu und dachte: »Tief durchatmen, eine Nacht drüber schlafen, morgen kommen die ersten Freunde zurück. Ganz schlechte Idee, direkt darauf zu antworten, ganz ganz schlechte Idee ...«

Endlich kam die erste Freundin aus Nordindien zurück. Sie sprühte vor Begeisterung, erzählte von Delhi und vom Himalaja. Ich versuchte zuzuhören und achtete angestrengt darauf, nicht gleich mit der Tür ins Haus zu fallen. »Schön, dass du wieder da bist. Ich muss mit dir sprechen, ich glaube, ich muss meine Beziehung beenden ...« Wie schrecklich unsensibel das gewesen wäre! Doch nach spätestens einer halben Stunde stellte sich heraus, dass ich entweder eine schlechte Schauspielerin bin oder sie mich extrem gut kennt.

»Was ist los mit dir?«

»Es ist ziemlich heftig. Bist du sicher, dass du es jetzt gleich hören willst? Du bist doch eben erst zurückgekommen.«

»Herrje, natürlich will ich es hören, über meine Fahrt

können wir auch später noch sprechen, du siehst gar nicht …«

»Sag es nicht, ich weiß selber, dass ich mich jetzt schon seit vier Wochen jede Nacht nur herumwälze. Ich kann überhaupt nicht mehr richtig schlafen. Ich glaube, ich muss mit X Schluss machen.«

Als sie zu sprechen anfing, bereitete ich mich innerlich schon auf die logische Frage vor, die sie mir – da war ich ganz sicher – als Erstes stellen würde: *Warum?* Doch sie sagte: »Weißt du, ich finde, du hast einen Orden verdient für diese Beziehung, dafür, dass du so lange darin ausgeharrt hast.«

Ich war, gelinde gesagt, fassungslos. »Was meinst du?«

»Na ja, es war nicht gerade ein Segelvergnügen, oder?«

Kennst du das Gefühl? Du versuchst zu verstehen, was du gerade gehört hast, aber dein Gehirn friert regelrecht ein und fühlt sich an, als habe es seine Tätigkeit eingestellt. Dann versuchst du, etwas zu sagen, findest aber keine Worte. So fühlte es sich an.

Nach einigem Herumgestottere fragte ich: »Du findest es also okay?«

»Willst du die Beziehung beenden?«

»Ich denke schon … aber ich kann nicht, weil ich ihn nicht hierherkriege.«

»Lassen wir die Logistik mal einen Moment beiseite. Bist du bereit, die Beziehung für beendet zu erklären?«

»Genau deswegen muss ich ja mit dir reden. Ich fühle mich besser ohne ihn, glücklicher, irgendwie erleichtert … Ich wache auf und freue mich auf den Tag, abgesehen von der offensichtlichen Frage in meinem Kopf. Ist das nicht seltsam?«

»Es ist seltsam, das von dir zu hören.«

»Ahhhh, ich komme mir vor wie ein Arsch. Ich mache Pläne, ich plane, ihn zu verlassen, um ganz genau zu sein, und er hat keine Ahnung davon.«

»Du hast ihm bisher nichts davon erzählt?«

»Nicht wirklich. Ich habe ihm geschrieben, dass ich dringend mit ihm sprechen muss, und seine Antwort war: ›Klar, ich mache nur noch vier Wochen Urlaub, dann bin ich zurück und wir können sprechen.‹ Eine Zeit lang ist es nicht wirklich toll gelaufen, wie du weißt, und es hat sich verschlechtert, seit wir uns das letzte Mal gesehen haben. Reden, erklären, diskutieren, nichts macht es besser. Ich kann meinen Standpunkt nicht in einer Weise deutlich machen, dass er versteht, warum ich in der Beziehung unglücklich bin, und ich glaube, ihm geht es genauso. Außerdem ist eins klar geworden beziehungsweise ich war schließlich bereit, es mir anzuschauen: Wir haben sehr unterschiedliche Vorstellungen von der Zukunft, davon, wie wir unser Leben führen möchten, was uns wichtig ist, einfach von allem, wie es scheint.«

»Worüber willst du dann mit ihm reden?«

»Ich weiß nicht, ich denke schon seit Wochen darüber nach. Ich weiß es einfach nicht.«

»Würde sich etwas ändern, wenn du mit ihm reden könntest, oder würdest du dich einfach besser fühlen, wenn du sehen könntest, dass sich nichts geändert hat?«

Ich seufzte.

»Ich schätze, dann würde ich mich besser fühlen. Irgendwie fühlt es sich an, als sei die Trennung schon seit einiger Zeit im Gange. Ich habe darüber nachgedacht, was die Dinge vielleicht grundlegend ändern könnte, und wenn ich ehrlich bin, es gibt nichts. Ich habe alle Hebel in Bewegung gesetzt. Ich habe, wir haben alles versucht, damit es klappt. Ich sehe nicht, was wir noch machen könnten. Wir haben alle Möglichkeiten durch.«

»Ich glaube, du und ich kennen euch beide lange genug, um dir recht zu geben. Ich habe in der Tat über euch beide nachgedacht, als ich unterwegs war, und ich habe mich gefragt, ob diese Beziehung euch wirklich dient, euch beiden. Jetzt ist die Frage, ob du bereit bist, das zu akzeptieren.«

»Ich habe ja noch vier Wochen, um darüber nachzudenken.«

All denen, die sich an dieser Stelle fragen, was genau die Beziehung hat scheitern lassen und was wir alles versucht haben, sei gesagt: Ich hatte eine sehr überschaubare Anzahl von Beziehungen, und keiner meiner Partner verdient es, dass ich intime Details preisgebe, die auch ihn betreffen. Daher habe ich diese Punkte nicht weiter ausgeführt.

»Irgendwelche Neuigkeiten von X?«

»Nichts Neues, außer dass er darüber nachdenkt, seinen Urlaub zu verlängern.«

»Ernsthaft?«

»Ja, weißt du, ich fühle mich wie eine eiskalte Person. Ich sollte außer mir sein, und auf irgendeine Weise bin ich es sogar, weil ich im Niemandsland bin, aber ich sollte mir jede Nacht die Augen ausheulen, mache ich aber nicht.«

»Hast du vergessen, was letztes Jahr war?«

»Was meinst du?«

»Nun, du hast letztes Jahr viel geweint, weil alles nicht so toll gelaufen ist. Es hat dich schwer getroffen.«

»Aber ich hatte nicht vor, ihn zu verlassen.«

»Nein, aber ich musste gestern Abend daran denken. Wir haben uns nächtelang darüber unterhalten, was man tun könnte, damit es funktioniert, und wie verwirrt du über alles warst, was den Bach runterging. Vielleicht hast du die Tränen, auf die du jetzt wartest, schon längst geweint.«

»So habe ich das nie gesehen. Danke. Ich habe wirklich das Gefühl, dass ich nicht mehr viele Tränen übrig habe.«

Nichts passierte. Ja, er schrieb, er habe seinen Urlaub verlängert, aber das war gar nicht wirklich der Punkt. Auch wenn es nichts half, hatte ich jetzt zumindest Zeit, alles sacken zu lassen. Und je länger ich allein war, desto klarer erkannte ich, dass es keinen Weg zurück gab. Ich hatte alles versucht, und meine persönliche Geschichte zeigt, dass ich immer eine Weile brauche, um eine Entscheidung zu treffen, aber wenn ich sie einmal getroffen habe, gibt es keinen Weg zurück. Und dann machte ich etwas, was ich bis zu jenem Tag verurteilt hatte: Ich beendete die Beziehung schriftlich. Ich war immer der Ansicht gewesen, dass nur Feiglinge Beziehungen nicht persönlich beenden, sondern per E-Mail oder Brief, doch als ich das einer guten Freundin erzählte, sagte die: »Du teilst ihm ja nicht mit, dass du nie mehr mit ihm sprechen wirst, aber du musst es ihm sagen, und du hast lange genug gewartet, während er beschlossen hat, länger Urlaub zu machen. Jetzt hast du beschlossen, nicht noch länger zu warten, und das ist okay.«

Ich schrieb also eine E-Mail, diesmal an einem Computer in einem anderen Internetcafé. (Jetzt, wo ich darüber nachdenke, wird mir klar, dass ich das »Horoskop«-Internetcafé nie mehr betreten habe.) Ich suchte nach Worten, versuchte meine Entscheidung zu erklären und erkannte, dass es nichts mehr zu erklären gab. Es gab einfach nichts mehr, worüber wir nicht bereits bis in die letzte Einzelheit gesprochen hatten, ohne dass es davon besser geworden wäre. Es war alles erklärt und gesagt. Ich drückte auf *send*. Man kann sagen, dass er es nicht gut aufgenommen hat.

Am ersten Tag war ich erleichtert, dass ich es geschafft hatte. Ich konnte wieder frei atmen. Ich erzählte es all meinen Freunden: keine endlosen Streitereien und fruchtlosen Gespräche mehr, trotz bester Absichten kein sich gegenseitiges Verletzen mehr. Doch dann bekam ich Panik. Was habe ich getan? Ooomg, WAS habe ich getan? Es war, als leide ich unter partieller Amnesie. Ich konnte mich plötzlich nur noch an die großartigen Momente erinnern, und wenn wir großartige Phasen hatten, dann waren sie auch wirklich ganz toll, also, ich meine perfekt. Da konnte ich mir überhaupt nichts Besseres vorstellen. Dass wir auch schlechte Zeiten hatten und dass die dann wirklich unerträglich waren, war mir komplett entfallen ebenso wie die Tatsache, dass es nichts in der Mitte gegeben hatte. Das Einzige, woran ich denken konnte, war: »Was habe ich mir nur dabei gedacht? Ich habe definitiv und für immer Schluss gemacht mit all den wirklich guten Zeiten, in denen alles so magisch war, in denen ich mir nie hätte vorstellen können, jemals mit jemand anderem zu sein – und jetzt? Würde ich jemals wieder jemanden so vollständig lieben können? Würde ich diese wirklich guten Zeiten jemals mit einer anderen Person wiederaufleben lassen? Die Liste meiner Klagen nahm kein Ende, und in dieser Zeit war es auf keinen Fall ein Spaß, mit mir befreundet zu sein. Ich war mir absolut sicher, dass ich nie wieder eine solche Beziehung haben konnte. Ich hatte etwas beendet und erkannte jetzt, dass es absolut keine Garantie dafür gab, dass mir so etwas noch einmal passieren würde. Niemand konnte mir eine befriedigende Antwort geben, es gab auch keine Garantie, gar nichts. Ich wusste nur eins: Ich hatte es beendet. Und irgendwie dachte ich auch: Wenn ich »das« jetzt nicht noch einmal finde, dann war es allein mein Fehler. Ich habe es gehen lassen, kein anderer, sondern ich.

Ich versuchte, etwas Positives daran zu entdecken, aber ich fand nichts – und war entsetzt.

An einem dieser Tage schaue ich morgens nach dem Aufwachen in den Spiegel. Das Weiße in meinen Augen sieht irgendwie gelblich aus, komisch. Aber ich bin spät dran, mache mich fertig und gehe aus meiner Wohnung. Ein paar Tage später wird das Gelb dunkler, und die ersten Freunde fragen mich, was mit meinen Augen los sei. Ich weiß nicht und auch sonst hat keiner eine Idee, bis ich nachmittags einen Freund treffe, der sagt: »Du, du das sieht wie Gelbsucht aus. Hatte ich als Kind. Lass das mal testen.« Leichter gesagt als getan, wir sind in Indien, mitten in der Pampa. Ich erinnere mich, an einem Shop am Ortsrand ein Schild mit der Aufschrift »Labaratory« gesehen zu haben, und beschließe, nach dem Mittagessen dort vorbeizugehen. Ein junger Inder sitzt hinter dem Tresen, und ich frage ihn, ob er mich auf Hepatitis A, also Gelbsucht testen kann. Er nickt beziehungsweise wackelt mit dem Kopf (die indische Version des Kopfnickens), zeigt auf meine Augen und sagt: *Matter of fact, you have Hepatitis* (»Sie haben Hepatitis, das ist eindeutig«). Ich bin noch nicht überzeugt und frage, wie man das testen kann.

Bloodsample (»Blutuntersuchung«).

Das habe ich befürchtet. Er muss mir Blut abnehmen. Generell mein Albtraum, weil bei mir keine Venen sichtbar sind und das Gewebe drum herum durch jahrelange Neurodermitis völlig vernarbt ist, was man an der Hautoberfläche nicht sieht, aber sehr schnell merkt, wenn man versucht, auf Blut zu stoßen. An dieser Aufgabe ist in Deutschland schon so mancher Arzt gescheitert, und für mich fühlt es sich an, als würde man mir keine Nadel, sondern einen Stock in den Arm rammen. Zum anderen habe ich so einige Horrorstorys gehört von nicht sauberen Nadeln und Infektionen, die man sich in Indien auf diese Weise holen kann. Ich gehe also erst einmal zur Apotheke, um eingeschweißte Spritzen und Nadeln zu kaufen. Damit bewaffnet gehe ich zurück in den Shop: »Einmal Hepatitis A testen, bitte.« Während ich dasitze und darauf warte, dass er mir Blut abnimmt, frage ich mich, ob er mein Blut wirklich einschickt, damit ein Test gemacht werden kann, und ob das überhaupt geht bei den Temperaturen. Oder würfelt er vielleicht oder kreuzt einfach blind etwas an?

Er nimmt ein Stück Stoff und knotet es fest um meinen Oberarm. Mein Blick fällt auf die Flecken im Stoff, und ich bin froh, dass ich eine eigene Spritze mitgebracht habe. Ich schaue aus dem Augenwinkel hin, ob er sie auch wirklich benutzt, und kurz bevor er sticht, halte ich die Luft an und presse die Augen fest zu. Der Entspannung sicher nicht förderlich, aber ich kann nicht anders, denn ich warte schon darauf, dass er sagt: »Oh, da war keine Vene.« Aus

Erfahrung weiß ich, dass es sechs Anläufe braucht, wenn ich Glück habe. Darunter hat es noch niemand geschafft. Als ich die Luft nicht länger anhalten kann, atme ich vorsichtig aus und frage: »Blood?«

»Yes Madam, coming.«

Vorsichtig werfe ich einen Blick auf meinen Arm. Unfassbar, dass sich die Spritze tatsächlich mit Blut füllt. Erleichtert versuche ich ihm zu erklären, welches Wunder er da vollbracht hat, aber er schaut mich eher verwirrt an und zieht auch schon die Nadel aus meinem Arm.

Das Ergebnis des Tests war positiv, was mich nicht überraschte. Schließlich waren meine Augen mittlerweile mehr gelb als weiß.

Ich ging damit in die kleine Praxis des Arztes, die eigentlich der Eingangsflur seines Wohnhauses war. Der Arzt meinte, es sei zwar ungewöhnlich, dass es jetzt zur Trockenzeit einige Hepatitis-A-Fälle im Dorf gäbe, aber das sei erstmal nicht schlimm, man könne auch nichts machen, außer einfach abzuwarten. Ich sollte, falls es schlimmer würde, einen Freund vorbeischicken, er würde dann zu mir nach Hause kommen. Das hörte sich sehr beruhigend an.

Für alle, die sich jetzt fragen, ob ich denn keine Angst hatte: Nein, denn erstens wird man sehr entspannt, wenn man in Indien lebt, zweitens lebt man dort nicht lange, wenn man sich nicht an den indischen Lebensstil anpassen kann, und drittens hatte ich im Jahr davor Typhus gehabt und ihn ohne Komplikationen überstanden. Außerdem war ich in meinen ersten zwanzig Lebensjahren sehr viel krank gewesen. Auch das macht entspannt. Und bis auf die Verfärbung in meinen Augen ging es mir ja bestens, also rein körperlich. Ansonsten hatte ich noch sehr an der Trennung zu knabbern. Ich fragte mich: Kommt er vielleicht doch zurück und, wenn ja, wann? Was passiert, wenn er auf einmal vor dir steht, wenn du die Straße entlanggehst? Was, wenn du ihm plötzlich begegnest, wenn du bei Freunden bist und er nach der langen Reise spontan vorbeischaut? Was machst du dann, was sagst du? Was, wenn er plötzlich vor deiner Tür steht und mit dir sprechen will? Was sagst du? Und was, wenn du ihn nie wieder siehst? Eine neue Schwebephase hatte begonnen.

Tags darauf besuchte ich einen Freund, einen älteren Herren, der mich immer an Agatha Christies Detektiv Hercule Poirot erinnerte, weil er stets im weißen Anzug und mit Stock und Hut im brütend heißen Indien unterwegs war. Wir saßen gemütlich beim Tee zusammen, als mir wie aus heiterem Himmel schlecht wurde. Mir war schwindelig, ich musste mich hinlegen, kalter Schweiß brach aus, innerhalb von Minuten war ich völlig durchnässt. Hercule Poirot hielt väterlich meine Hand, legte mir ein nasses kaltes Tuch auf die Stirn, gab mir ein Glas Wasser, aber es wurde immer schlimmer. Ich konnte nicht mehr aufstehen, mich nicht mal mehr aufsetzen. Mir war klar, dass er mich mit seinen 75 Jahren in keinem Fall tragen konnte. Also sagte ich in einem lichten Moment: »Hol bitte Marico, er muss mich nach Hause tragen.« Er machte sich mit Stock und Hut auf den Weg, ich lag wie ein Häufchen Elend auf seinem Sofa. Nach einer gefühlten Ewigkeit kam Marico mit Poirot zur Tür herein. Er legte kurz die Hand auf meine Stirn, hob mich vom Sofa – ich hing wie ein Schluck Wasser in seinen Armen – und trug mich nach draußen.

»Zu mir oder zu dir?« Die Frage hätte unter anderen Umständen eine völlig andere Bedeutung gehabt.

»Zu dir ist es näher.«

»Ich hole eine Rikscha.«

»Nein, keine Rikscha, dann muss ich spucken.«

Das Nächste, woran ich mich erinnere, ist, dass ich in seinem Bett lag, immer noch schweißgebadet und zitternd. Mir war so übel, dass eine Darmgrippe eine willkommene Erleichterung gewesen wäre, aber ich war wieder ansprechbar.

»Es ist Hepatitis.«

»Ja, der Test war positiv.«

»Bleib hier, du weißt ja, ich hatte das als Kind. Ich kann mich nicht bei dir anstecken.«

Von diesem Tag an ging es rapide abwärts. Ich konnte keine feste Nahrung bei mir behalten und auch nichts Flüssiges. Ich bin mir sicher, dass Marico, der auf einer Matratze in seinem Wohnzimmer schlief, die Augen nachts auch nicht viel häufiger zumachte als ich. Nach ein paar Tagen ging es mir so schlecht, dass ich es nicht einmal mehr riechen konnte, wenn Marico irgendwelches Essen mit in die Wohnung brachte, und wenn es nur eine Banane war. Ich roch es in dem Moment, in dem er damit zur Tür hereinkam, obwohl das Schlafzimmer am anderen Ende der Wohnung lag. Und alles, was ich dann sagen konnte, war: »Bring das Essen raus, bevor ich mich wegen des Geruchs übergebe.«

In den nächsten sechs Wochen gab es in der ganzen Wohnung nichts zu essen. Für meinen armen Freund blieb nur noch die Möglichkeit, auswärts zu essen.

Ich habe große Erinnerungslücken, was diese Wochen betrifft und sogar die Wochen, bevor die Krankheit ausbrach. Ich vergaß sämtliche Pin-Nummern und Passwörter, die ich vor dieser Erkrankung hatte, für immer. Ich erinnere mich auch nicht selbst daran, sondern weiß nur von Freunden, dass mein indischer Arzt mich mehrmals besuchte und sehr beunruhigt war, weil ich so viel Gewicht verloren hatte. Ich konnte nicht aufstehen. Ich konnte buchstäblich gar nichts tun. Wenn Marico nicht zu Hause war, kroch ich auf allen vieren ins Badezimmer. Ich war zu krank, um zu lesen, zu krank, um zu schreiben. Ich lag einfach nur da und schaute aus dem Fenster. Zwei Freundinnen kamen jeden Tag, um mich zu baden. Marico trug mich ins Badezimmer und ging dann raus, um das Bett zu machen. Meine Freundinnen zogen mich aus, duschten mich, zogen mich wieder an und dann trug mich Marico wieder zurück ins Bett. Danach war ich so erschöpft, dass ich vier Stunden am Stück schlief. Ich denke, in den ersten paar Wochen gingen alle davon aus, dass es mir bald wieder besser gehen würde. Ich ging jedenfalls davon aus und war ansonsten viel zu krank und zu müde, um mir viele Gedanken zu machen. Dass ich Schluss gemacht hatte, war irgendwo in meinem Hinterkopf. Ich hatte keine Kraft, um darüber oder überhaupt irgendetwas nachzudenken.

Als ich nur noch um die 40 Kilo wog, nicht einmal mehr aus eigener Kraft aufrecht sitzen und auch nicht mehr ins Bad krabbeln konnte, war ich mir zum ersten Mal nicht mehr so sicher. Meine Freunde suchten, wie sie mir später erzählten, nach einem anderen Arzt und fanden schließlich eine Leber-Spezialistin aus Italien, die ihre Ferien im

Ashram verbrachte. Sie war einverstanden, am Abend zu kommen und nach mir zu sehen. Das ist vermutlich der einzige Abend aus dieser Zeit, an den ich eine glasklare Erinnerung habe. Ich erinnere mich zwar überhaupt nicht daran, wie sie aussah, dafür aber umso klarer an das, was sie sagte. Doch zunächst untersuchte sie mich so gründlich, wie es möglich ist, wenn man im Urlaub ist und nicht in einem Krankenhaus, und dann sagte sie mit den freundlichsten Worten, die man in einer solchen Situation nur finden kann, dass ich wahrscheinlich sterben würde. Die einzige Möglichkeit, die sie sah, war, dass ich in ein Krankenhaus gebracht wurde. Dann hätte ich vielleicht, aber auch nur vielleicht eine Chance.

Gleich nachdem sie gegangen war, kam Marico in mein/ sein Schlafzimmer. Er hatte im Wohnzimmer gewartet, während sie mich untersuchte. Ihre Worte waren noch nicht ganz durchgesickert, ich konnte kaum einen weltlichen Gedanken fassen, als er fragte: »Was hat sie gesagt?«

Ich sagte es ihm und fragte: »Was sollte ich deiner Meinung nach tun?«

»Ich weiß es nicht, aber ich werde dich unterstützen, wie immer du dich entscheidest.« Er meinte es wirklich, und weiß Gott nicht jeder findet Gefallen daran, dass in seiner Wohnung möglicherweise jemand stirbt.

»Ich bin sicher, dass ich den Transport ins Krankenhaus nicht überleben würde«, erwiderte ich, und so wurde beschlossen, dass ich bleiben sollte. Ich weinte nicht, ich machte mir keine Sorgen, ich war ganz ruhig und erschöpft, als das, was sie gesagt hatte, Stück für Stück in mein Bewusstsein drang. Nun, wenn mir das in Deutschland passiert wäre, wäre es etwas anderes gewesen, aber wenn man lange genug in Indien lebt, prägt sich das »Warum aufregen, wenn man es sowieso nicht ändern kann« mit der Zeit enorm ein. Normalerweise bedeutet es: »Warum sich aufregen, wenn der Bus Verspätung hat, man kann es ja eh nicht ändern.« Doch jetzt war es nicht der Bus, sondern mein Leben.

In den nächsten Tagen wurde ich schwächer und immer schwächer. Ich war immer nur kurz bei Bewusstsein, Freunde kamen vorbei wie immer. Wenn ich bei Bewusstsein war, war ich zwar zu krank, um mich auf irgendetwas zu konzentrieren, aber mein Geist war zum ersten Mal seit Wochen wieder klar.

»Hattest du Angst?«, wurde ich später immer wieder gefragt. Nein, ich hatte keine Angst. Schon als Kind hatte ich diese Angst vor dem Sterben nie verstanden, und jetzt? Der Zeitpunkt war nicht wirklich toll, aber vor dem Sterben selbst hatte ich keine Angst, und ich denke, dass es mich daher nicht weiter beschäftigte. Stattdessen nahm ich mir die Zeit, viel Zeit für einen Rückblick auf mein Leben, das alles andere als perfekt gewesen war. Und ich dachte, wenn ich jetzt sterbe, werde ich nie mehr mit Menschen sprechen, werde ich X (meinen Expartner) nie wiedersehen, nie die Chance bekommen, noch einmal mit ihm zu reden ...

Eigenartig, wie klar das Denken und die eigene Sicht der Dinge in einem solchen Moment ist. Man hat einfach keine Energie, sich selbst hinters Licht zu führen. So viele unwichtige Sorgen und Bedenken fallen weg, wenn man sich dem Tod gegenübersieht. Ich dachte darüber nach, was ich ihm noch gern sagen würde, wenn ich die Chance dazu hätte. Ich dachte darüber nach, ob ich meine Entscheidung, die Beziehung zu verlassen, gern rückgängig machen würde. Ich versuchte, mich daran zu erinnern, warum ich mir in den vergangenen Wochen so viele Sorgen gemacht hatte. Doch da war nichts - nichts, was ich ihm nicht schon gesagt hätte, nichts, was ich noch sagen wollte. Verstehe mich nicht falsch, es war nicht etwa so, als sei ich eine Heilige gewesen, die ihr bisheriges Leben und diese Beziehung stets anmutig, perfekt und ohne Fehl und Tadel bewältigt hatte, aber ich erkannte und, was noch wichtiger ist, ich hatte das Gefühl, es so gut gemacht zu haben, wie ich konnte. Die Entscheidung, ihn zu verlassen, fühlte sich richtig an, ohne Wenn und Aber. Das Gefühl, das ich vorher gehabt hatte, war mit schier endlosen Zweifeln vermischt gewesen - Zweifeln, ob ich vielleicht doch etwas unversucht gelassen hatte. Jetzt waren die Zweifel wie weggeblasen, das Gefühl des Scheiterns war verschwunden, es gab nichts zu bereuen.

Ich erinnere mich nicht, wie lange diese Phase anhielt, Zeit hatte eine ganz andere Qualität bekommen, aber nachdem ich jeden Teil meines Lebens bis in alle Einzelheiten unter die Lupe genommen hatte, hatte ich genug davon, wirklich genug, auch von der ständig wiederkehrenden Bewusstlosigkeit, dem endlosen Gefühl der Übelkeit, der Schwäche, der Unfähigkeit, irgendetwas zu tun. Ich wollte eine Entscheidung, irgendeine Entscheidung. An diesem Punkt kam Marico ins Zimmer, stellte das Bild eines indischen Gottes ans Fußende des Bettes und ging wieder, um etwas zu essen. Ich schaute auf das Bild und sagte mit aller inneren Kraft, die ich noch hatte: »Hör zu, ich bin jetzt an dem

Punkt, wo es mir nichts mehr ausmacht, aber entscheide dich, um Himmels willen, links oder rechts, Leben oder Tod, entscheide dich einfach! Ein paar Sekunden, nachdem ich dieses nicht sehr nette Gebet beendet hatte, klopfte es an der Tür. Ich war zu schwach, um wirklich so laut zu sprechen, dass es jemand von außen hören konnte, aber dennoch sagte ich: »Komm rein.« Die Tür war offen und ein Freund kam herein. Ich hatte ihn in all diesen Wochen nicht gesehen und mich schon gefragt, was wohl mit ihm passiert war. Niemand wusste genau, wo er war (keine Telefone). Er trat an mein Bett oder besser an meine Matratze auf dem Boden und sagte: »Es tut mir so leid, dass ich nicht früher gekommen bin, aber ich war selbst krank, nicht gerade Hepatitis A, aber es gibt ja viele Möglichkeiten in Indien. Ich habe dir etwas mitgebracht.« Er packte die Tasche aus, die er in der Hand hielt, und was er zutage förderte, sah aus wie ein kompletter amerikanischer Bioladen: um die dreißig Flaschen mit Tinkturen zur Stärkung der Leber, des Darms, von einfach allem, was in meinem Körper nicht mehr funktionierte. Er ließ eine Notiz für Marico da mit Anweisungen zu ihrer Einnahme. Ich fing noch am selben Tag an, die Nahrungsergänzungsmittel zu nehmen und auf wundersame Weise konnte ich sie bei mir behalten.

Von diesem Tag an ging es bergauf, langsam, aber stetig. Nach drei Tagen war ich sicher, dass ich es schaffen würde. Ich konnte mich wieder aufsetzen, das erste Mal seit Wochen. Nach einiger Zeit konnte ich sogar wieder gehen, nur eine Minute oder zwei, aber es funktionierte. Auf einem meiner Spaziergänge im Freien traf ich meinen indischen Arzt. Er schaute mich an, als habe er einen Geist gesehen, und nachdem wir ein paar Freundlichkeiten ausgetauscht hatten, gestand er mir, dass er nicht damit gerechnet hatte, dass ich es schaffen würde. Aber ich war zurück.

Ich brauchte mehr als ein Jahr, um mich wieder ganz zu erholen, und in diesem Jahr traf ich meinen Exfreund wieder. Auch ohne Telefon funktionierten die Buschtrommeln recht gut. Er hatte also gehört, dass ich sehr krank war, aber nicht, dass ich mich wieder erholt hatte. Er war in mein Dorf geeilt, um mich zu treffen, und als ich gerade meinen Trainingsspaziergang machte, um wieder in Form zu kommen, bog er um die Ecke. Ich hatte keine Ahnung, dass er zurück war. Mit anderen Worten, das, wovor ich mich monatelang gefürchtet hatte, war eingetreten: ein Zusammentreffen ohne jede Vorwarnung. Ich war überrascht, sogar ein bisschen schockiert, und bevor ich Zeit hatte, mich zu sammeln, sagte er: »Ich hatte solche Angst, du könntest gestorben sein, und ich hätte keine Chance gehabt, noch einmal mit dir zu sprechen. Können wir reden?« Wir unterhielten uns auf einer Dachterrasse hoch über dem Dorf. Das heißt, er sprach die meiste Zeit und ich war glücklich zuzuhören. So konnten wir beide auf unsere ganz eigene Weise einen Schlussstrich ziehen.

Kapitel 2

Versprechen im Liebeskummer

Das passiert mir nicht noch einmal. Ich lasse mich nie mehr so verletzen. Ich lasse mich nicht mehr so tief auf jemanden ein. Das nächste Mal bin ich derjenige, der Schluss macht. Jeder kennt einen dieser Sätze, die man zu sich selbst sagt, aus Verzweiflung, weil man verletzt wurde, um sich selbst zu schützen. Und doch bewirken sie genau das Gegenteil davon. Sie bauen ein kleines Gefängnis, in dem wir selbst sitzen, manchmal lebenslänglich.

Mit solchen Versprechen, die wir uns selbst geben, beschneiden wir das Spektrum unserer Gefühle. Und indem wir dieses Spektrum verkleinern – und jedes einzelne Versprechen verkleinert es –, verkleinern wir auch unsere Fähigkeit zu lieben, nicht nur in romantischen Beziehungen, sondern auch in der Beziehung zu uns selbst, zu Freunden, Kollegen, Haustieren und dem Leben gegenüber. Nur wenn wir von ganzem Herzen getrauert haben, können wir wieder von ganzem Herzen lieben. Nur wenn wir aus tiefster Seele weinen können, können wir auch aus tiefster Seele lachen und lieben.

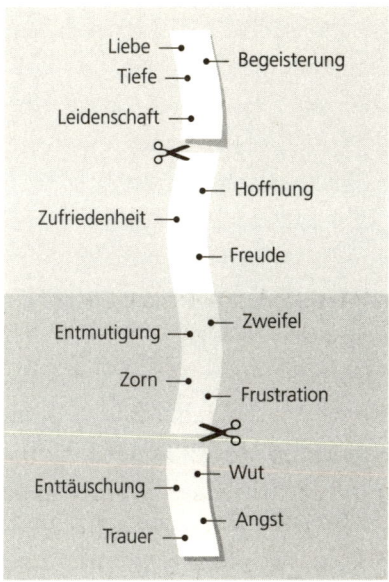

Wenn wir auf der einen Seite dieses Spektrums eine Tabuzone einrichten, weil wir beispielsweise den Schmerz einer tiefen Enttäuschung nicht spüren wollen, richten wir automatisch auch auf der anderen Seite des Spektrums eine Tabuzone ein und erlauben uns beispielsweise nicht, tiefe und echte Freude zu empfinden. Es gibt aber noch viele andere intensive Gefühle, die wir einfach abschneiden oder »niederbügeln« und die uns dann nicht mehr zur Verfügung stehen.

Was ich häufig erlebe, ist, dass Leidenschaft fehlt, und damit meine ich gar nicht nur sexuelle Leidenschaft, sondern Leidenschaft für das Leben an sich. Was dann fehlt, ist die Fähigkeit, wirkliche Begeisterung für etwas zu empfinden und völlig in etwas aufzugehen, sei es in einem Hobby, einer Kunst oder was auch immer. Wenn ich mit Klienten nach den Ursachen dafür suche, dass sie sich nicht mehr wirklich und von ganzem Herzen so für etwas begeistern können, wie sie es in der Vergangenheit, oft nur in ihrer Kindheit oder Jugend konnten, stoßen wir oft auf Ereignisse, die dazu geführt haben, dass sie auf der »negativen« Seite des Spektrums etwas abgeschnitten haben, um diese Gefühle nicht mehr spüren zu müssen. Oft handelt es sich dabei um Gefühle der überwältigenden Trauer und Enttäuschung, gepaart mit Angst oder Wut.

Wut ist besonders trickreich, weil sie in manchen Gesellschaften rein negativ gesehen wird, doch in der traditionellen chinesischen Lehre von den fünf Elementen werden Wut und Aggression dem Element Holz zugeordnet. Das Element Holz steht beispielsweise für die Kraft, die im Frühling dafür sorgt, dass die Bäume neue Blätter austreiben, dass sich Pflanzen mit Wucht ihren Weg durch das Erdreich bahnen, dass Knospen aufplatzen und Blüten sich entfalten. Ohne diese Kraft gäbe es kein Wachstum und keine Neuschöpfung. Aggression (das Wort kommt vom lateinischen *aggredere* = etwas angehen) und Kreativität in dem Sinne, dass man etwas Neues wagt und beherzt in die Tat umsetzt, hängen eng zusammen.

Kein Lebewesen kann ohne Aggression existieren, genau wie kein Lebewesen ohne Wasser leben kann, und trotzdem werden Wut und Aggression oft mit etwas assoziiert, womit man anderen Schaden zufügt, weil man es nicht mehr unter Kontrolle hat, wenn man es denn zulässt. Keine

Frage: Wut und Aggression können sehr destruktiv ausgelebt werden, haben aber auch eine Kraft, die durchaus konstruktiv sein kann.

Eine Bekannte machte mit ihrer kleinen Tochter Urlaub auf dem Bauernhof. Die Tochter sollte nicht allein in die Stallungen gehen, weil dort Rattengift ausgelegt war. Doch eines Tages war die Tochter plötzlich verschwunden. Mit einem unguten Bauchgefühl rannte die Mutter zu den Stallungen und fand dort ihre Tochter, die einen Rattenköder gefunden hatte und ihn gerade probieren wollte. Sie riss ihr den Köder aus der Hand, schüttelte sie und riss ihr den Mund auf, um zu schauen, ob etwas von dem Gift darin war. Das ist Aggression, aber in diesem Moment hat sie der Tochter das Leben gerettet.

Ein bekanntes Beispiel für Wut/Aggression liefert Jesus, der im Tempel die Tische der Geldwechsler umwirft. Mit dieser Geschichte haben manche »spirituellen« Menschen ein Problem, wenn sie glauben, dass Wut und Aggression transformiert werden müssen, also nicht gelebt werden dürfen, weil sie zu den »niederen« Gefühlen gehören. Und der Irrglaube, dass Wut und Aggression komplett wegfallen, wenn man nur weit genug »entwickelt« ist, hält sich hartnäckig. Dieser These zufolge hätte Jesus zu den Geldwechslern hingehen und sagen müssen: »Entschuldigen Sie, aber ich finde es nicht in Ordnung, was Sie hier machen.« Hat er aber nicht gemacht!

Wut/Aggression wird dann gefährlich und unberechenbar, wenn sie sich über lange Zeit anstaut, weil sie kein Ventil hat. Dann wird sie irgendwann explodieren und andere in Mitleidenschaft ziehen oder sogar in Gefahr bringen. Und bis es zu dieser Explosion kommt, vergiftet die Wut die Person, die sie in sich anstaut.

Ein weiteres Phänomen, das ich über die Jahre immer wieder beobachtet habe – nicht ausschließlich, aber vermehrt bei Männern – ist folgendes: Man hat sehr früh gelernt, dass Aggression und Wut nicht erwünscht sind und dass es besser ist, die Mitmenschen nie sehen zu lassen, was da in einem schlummert. Dies geschieht oft zu einer Zeit, in der in anderen Kulturen genau diese Energie durch Rituale und Mutproben in gesunde Bahnen gelenkt, aber eben nicht unterdrückt wird. Jungen in der Pubertät dürfen ihre Grenzen ausloten und lernen so einen produktiven Umgang mit der eigenen Aggression.

Wir hingegen sparen uns solche Lernprozesse, schützen uns lieber durch das Einrichten von Tabuzonen vor allzu großen Gefühlen und den emotionalen Tiefschlägen, die sie häufig mit sich bringen, und merken oft erst Jahre später, dass unser gesamtes Leben »flacher« geworden ist, dass die tief empfundenen Glücksmomente genauso fehlen wie Momente der tiefen Trauer, dass wir uns nicht mehr so begeistern können, wie wir es früher konnten. Oft wird dies mit der Bemerkung abgetan, dass es eben zum Erwachsen- oder Älterwerden dazugehört. Doch meiner Erfahrung und Beobachtung nach handelt es sich hier eben nicht um ein unumgehbares Nebenprodukt des Lebens, das sich mit der Zeit einfach einstellt. Es stellt sich vielmehr erst dann ein, wenn wir nicht mehr bereit sind, dem Leben und der Liebe hundertprozentig zu begegnen mit allen damit verbundenen Risiken. Diese Risiken lassen sich nicht komplett ausschalten, wir können nur unsere emotionale

Reaktion darauf minimieren, indem wir unsere Gefühle betäuben.

Bei Säuglingen und Kleinkindern kann man noch erleben, wie es aussieht, wenn das ganze Spektrum uneingeschränkt zur Verfügung steht und gelebt wird, wie weinen in Bruchteilen von Sekunden zu lachen wird. Keine Emotion ist tabu. Es hat seinen Grund, dass in den meistverschickten YouTube-Videos Babys oder Katzen und Hunde zu sehen sind, denn es berührt fast jeden, Lebewesen in ihrer natürlichsten Form zu sehen. Es erinnert uns an das, was wir waren, und bringt uns für ein paar Sekunden oder Minuten in diesen Zustand zurück.

Verletzlichkeit ist ein elementarer Bestandteil dieses Zustandes, und gleichzeitig ist Verletzlichkeit das, was uns am meisten Angst macht. Verletzlich zu sein bedeutet nämlich, keine Kontrolle über etwas zu haben, uns auf etwas einzulassen, das wir nicht zu 100 Prozent kontrollieren können und das uns ganz besonders verletzen kann, wenn wir nicht weise wählen (Kapitel 3). Wenn wir gewisse Gefühle innerhalb des Spektrums zur Tabuzone erklären, tun wir das, um unsere Verletzlichkeit zu verringern oder vielleicht sogar auszulöschen, aber der Zauber liegt ja gerade in den Gefühlen, die eine gewisse Verletzlichkeit von uns verlangen.

Doch nicht nur in traurigen Zeiten versuchen wir, unser Gefühlsspektrum einzugrenzen in der Hoffnung, damit dem Schmerz zu entgehen. Das passiert auch in unseren glücklichsten Momenten, denn auch sie setzen Verletzlichkeit voraus, um in aller Fülle gelebt zu werden. Stellen wir uns für einen Moment eine Filmszene vor: Zwei Menschen haben sich nach langer Suche und großen Entbehrungen endlich gefunden. Sie verbringen ein inniges, harmonisches, einfach perfektes Wochenende miteinander. In der nächsten Szene verabschieden sie sich und geben sich das Versprechen, sich so bald wie möglich wiederzusehen. Er steigt ins Auto, wirft einen letzten sehnsüchtigen Blick zurück, lässt den Motor an, fährt aus der Einfahrt hinaus auf die Landstraße. Die Kamera fährt zurück, die Musik wird dramatischer ... Was passiert dann?

Jeder kennt den Moment, in dem alles gut ist. Doch bewusst oder unbewusst wird uns oft gerade in diesen Moment schmerzlich klar, dass wir nichts unter Kontrolle haben, dass wir alles verlieren könnten, auch und gerade das, was wir am meisten lieben. Niemand kann uns eine Garantie geben, wie lange der glückliche Zustand andauert, wie lange die Person in unserem Leben ist. Und ohne es zu wollen, steigen plötzlich Horrorszenarien in einem auf, was alles passieren könnte ...

Ich war vor ein paar Jahren geschäftlich unterwegs und hatte zu Hause für meine Hunde einen neuen Hundesitter. Schon in meiner ersten Pause kam mir der Gedanke: *anrufen, fragen, ob alles in Ordnung ist.* Eine Kollegin hatte das mitbekommen und sagte: »Es gibt Leute, die haben halt Hunde, und es gibt Leute, die *haben* Hunde. Ich glaube, du gehörst in die zweite Kategorie.« Sie hatte recht, meine Hunde sind ein zentraler Teil meines Lebens, und das macht mich in Bezug auf sie sehr verletzlich. Manchmal halte ich diese Verletzlichkeit nicht aus und male mir regelrechte Horrorszenarien aus, die meist ganz harmlos anfangen: »Ich hoffe, sie hat die Hunde erst im Feld abgeleint; ich hoffe, sie umschifft ihren Lieblingsfeind großräumig, und was, wenn

nicht? Kann sie die Hunde trennen?« Innerhalb von Sekunden bricht in meinem Kopf ein blutrünstiger Hunde-
kampf aus, auch wenn, realistisch gesehen, meine Hunde
noch nie einem anderen Hund ein Haar gekrümmt haben
und ihr Lieblingsfeind auch kein Preisboxer ist, der sie ins
Nirwana befördern könnte. Völlig egal.

Wenn wir in solchen Momenten und auch Momenten der
Trauer, in denen uns die Verletzlichkeit überwältigt und
sich in lähmende Angst verwandelt, nicht die Bereitschaft
aufbringen, in all dieser Verletzlichkeit dankbar zu sein für
das, was ist, schränken wir unser Gefühlsspektrum ebenfalls ein, diesmal, indem wir uns das Schlimmste ausmalen,
was passieren könnte. Indem wir uns an Worst-Case-Szena-
rien gewöhnen, glauben wir uns sozusagen immunisieren
zu können. Wenn das Glück, das wir jetzt empfinden, irgendwann nicht mehr da ist – so denken wir –, trifft uns
das nicht mehr so hart, weil wir uns ja genau auf diesen Fall
vorbereitet haben.

Meine Lieblingsfrage bei *Piers Morgan Tonight* (Talkshow
auf CCN) war: »Wie viele Male hast du *wirklich* geliebt?« Ich
würde noch hinzufügen: »Hast du die zweite und dritte
Person mit der gleichen Tiefe, der gleichen Leidenschaft
geliebt?

Und wenn es eine große Liebe für dich gab, hast du die
Liebe, die du für die Partner danach empfunden hast, als
kleiner oder weniger bedeutend erlebt?«

Wenn die Antwort Ja lautet, hast du einen Teil deines Herzens gefangen genommen (und damit deine emotionale
Bandbreite beschnitten). Du hast der zweiten und der dritten

Person nicht dein ganzes Herz gegeben, weil du dir bewusst oder unbewusst, wissentlich oder nicht wissentlich selbst versprochen hast, es nicht zu tun; weil du Angst hattest, wieder verletzt oder verlassen zu werden. Oder du hast dir jemanden ausgesucht, der sicher und verlässlicher war als deine erste Liebe, aber nie dein ganzes Herz wollte.

Ich erinnere mich sehr gut an ein Gespräch mit einem Klienten, der sich über seine beruflichen Erfolge – die objektiv betrachtet absolut herausragend waren – nicht wirklich freuen konnte und der befürchtete, dass mit ihm »irgendwas nicht stimmt«. Nachdem ich ihm erklärt hatte, dass dies oft der Fall ist, wenn man zu viele Teile von sich abgeschnitten hat, sei es, weil man den Schmerz nicht fühlen will oder glaubt, keine Zeit für dies und das zu haben, weil man eine Sache für eine andere opfert oder sich gewisse Dinge verspricht, sagte er mit einem Seufzer: »Weißt du, jeder Schritt auf der (Karriere-)Leiter hatte natürlich seinen Preis. Mit jedem Schritt musste ich etwas anderes hinter mir lassen, und wenn ich jetzt so darüber nachdenke, ist nicht viel von mir übrig geblieben.«

Genau dieser Prozess findet auch in unserem Liebes- und Beziehungsleben statt.

Wir leisten ein Versprechen, geben unser Wort und müssen uns dann daran halten. Dass wir uns dazu verpflichtet fühlen, hat weniger mit der heutigen Gesellschaft oder heutigen Institutionen zu tun, von denen uns im Falle eines Wortbruchs wohl kaum eine Strafe droht, sondern eher damit, dass ein Versprechen eine sehr archaische und durchaus magische Sache ist. Im Märchen (unsere beste Quelle für althergebrachte magische Dinge) geben eigentlich nur Könige und Königinnen bindende Versprechen, mit anderen Worten: Heldentypen, Menschen, die es gewohnt sind, Verantwortung für sich und andere zu tragen, und die über eine gewisse innere Autorität verfügen. Und selbst die machen manchmal den Fehler, ein Versprechen zu schnell, zu unbedacht und unter den falschen Voraussetzungen zu geben, und müssen dann mit den fatalen Folgen leben.

Versprechen wie »Ich werde mich *nie mehr* so verletzlich zeigen« oder »Ich werde *nie wieder* jemanden so lieben, wie ich ihn/sie geliebt habe« werden *auf ewig* gegeben, also ohne jede zeitliche Begrenzung. Das heißt, wir leben bewusst oder unbewusst mit ihnen weiter und sind an sie gebunden, auch wenn wir vielleicht jahrelang nicht mehr daran gedacht haben. Allein dadurch, dass wir die Dinge mittlerweile vielleicht anders sehen und uns nach einer tiefen, bedeutungsvollen Beziehung sehnen, lösen sich Versprechen nicht auf.

»Ich mag und schätze meine Frau, aber es fehlt einfach was.«
»Und was fehlt?«
»Na ja, es ist mehr auf der intellektuellen Ebene, dass ich sie sehr schätze, aber ich fühle nicht wirklich viel.«
»War das schon immer so?«
»Nein, es wurde einfach weniger über die Jahre hinweg.«
»Gab es eine Zeit, in der du Hals über Kopf in sie verliebt warst?«
»Wir waren doch schon fast vierzig, als wir uns kennengelernt haben.«
»Und?«
»Da ist man kein verliebter Teenager mehr.«
»Sagt wer?«

»Das ist doch normal.«

»Normal ist nicht immer gesund. Anders gefragt: Gab es einen Zeitpunkt, wo du tiefe Liebe für sie empfunden hast?«

»Nicht wirklich, aber wir passen ansonsten einfach wirklich gut zusammen.«

»Wann hattest du das letzte Mal diese Gefühle, die du jetzt vermisst?«

»Das ist schon lange her, meine große Jugendliebe, mit 17 vielleicht.«

»Und was ist passiert?«

»Ich war jung und dumm. Ich wusste einfach nicht zu schätzen, was wir hatten, wir hatten ab dem Studium eine Fernbeziehung, die Versuchungen waren groß ... und ich hatte ein paar Ausrutscher.«

»Wir reden von Frauen, nicht von Bananenschalen?«

»Schon, manchmal glaube ich, es ist die einzige Frau, die ich jemals wirklich geliebt habe, und trotzdem habe ich es kaputt gemacht. Ich habe es nicht geschafft.«

»Schwingt da die Aussage mit: Ich habe so etwas nicht oder nicht mehr verdient?«

»Der Gedanke kam mir auch schon des Öfteren.«

»Und er könnte die Antwort auf die Frage sein, warum du es seither nicht mehr erlebt hast. Weil du vielleicht glaubst, dass du es nicht verdienst, und es dir deswegen nicht erlaubst. Weil du dir vielleicht bewusst oder unbewusst Frauen aussuchst oder ihnen nur auf Ebenen begegnest, wo die Gefahr nicht besteht, dass es wieder passieren könnte. Kannst du dich erinnern, ob du dir nach eurer Trennung etwas versprochen hast?«

»Dass ich nie wieder jemanden so verletzen will, koste es, was es wolle ...«

»... was, wenn man dein Leben hinterher anschaut, implizieren könnte, dass du dir dazu Frauen gesucht hast, die dich nicht so tief berühren, sodass die Gefahr gebannt war.«

»Da könntest du durchaus recht haben. Ich hätte mir wirklich gewünscht, dass sie *(seine erste Freundin)* mich angeschrieen hätte, so blöd es klingt, dass sie mich bestraft hätte, aber sie hat einfach resigniert und sich zurückgezogen.«

»Hast du den Teil selbst übernommen, das mit der Bestrafung?«

»Ich befürchte, ja. Wenn ich zurückdenke, bin ich seit dieser Zeit viel strenger mit mir geworden.«

»Fassen wir mal zusammen, damit wir keinen Punkt vergessen: Zum einen glaubt zumindest ein Teil von dir, dass Strenge und Bestrafung dich davon abhalten fremdzugehen.«

»Das ist auch so.«

»Definiere, was du unter ›fremdgehen‹ verstehst.«

»Ich war nicht mehr untreu.«

»Heißt, du hast mit niemandem außerhalb deiner Beziehung geschlafen?«

»Korrekt.«

»Stellen wir uns mal für einen Moment vor, jemand hält dir ein glühendes Stück Kohle vor und sagt: ›Wenn du fremdgehst, wird das sehr wehtun.‹ Warum gehst du dann nicht fremd?«

»Na, weil ich nicht verbrannt werden will.«

»Genau, und wenn derjenige das Stück Kohle ins Wasser wirft?«

»Dann bin ich mir nicht mehr so sicher.«

»Und die Frage ist: Willst du dich weiterhin auf das Stück glühende Kohle verlassen, oder finden wir eine tiefere Motivation?«

»Ich bin bereit, es zu versuchen, aber noch nicht sicher, ob es für mich funktioniert.«

»Das ist in Ordnung, aber bevor wir es angehen noch kurz zur Zusammenfassung, damit wir nichts vergessen.«

»Okay.«

»Das eine Versprechen war, dass du niemanden mehr verletzt, koste es, was es wolle. Das bedeutet – aufgedröselt – zum einen, keine tiefe Verbindung mit jemandem mehr einzugehen. Denn, wie ungewollt und wie klein auch immer, du wirst die Person verletzen, nicht du als Ausnahme, jeder tut es, weil er ein Mensch und nicht perfekt ist. Auch wenn du nicht fremdgehst, wirst du, egal wie ungewollt, Fehler machen, jemanden enttäuschen, verletzen ... Die Liste ist lang. Das heißt, auch wenn dein Versprechen ist, niemanden mehr verletzen zu wollen, impliziert es, sich nicht wirklich auf jemanden einzulassen, dich niemandem ganz zu zeigen mit all deinen Fehlern und Schwächen, die darin resultieren könnten, dass du jemanden verletzt. So weit, so gut?«

»Ja, alles verständlich so weit.«

»Plus der Teil der Selbstbestrafung: Ich habe so etwas nicht verdient, nie mehr. Was hast du denn verdient?«

»Das ist eine gute Frage, die richtige Antwort ist das, was ich habe, aber ich will mehr.«

»Völlig verständlich. Was du an dem Punkt wissen solltest: Das heißt nicht, dass deine Partnerin nicht die richtige ist, es heißt aber in jedem Fall, dass du ihr bisher nur auf der Ebene begegnet bist, von der du glaubst, dass du sie verdient hast, eine oberflächlichere Ebene, nicht das, was du wirklich möchtest.«

»Das heißt, es könnte sich etwas ändern, also innerhalb unserer Beziehung?«

»Natürlich, der erste Schritt besteht darin, die Versprechungen aufzulösen. Das ist der erste Teil unserer Arbeit.«

Geschichten wie die oben erzählte gibt es viele, vielleicht fast so viele, wie es verlorene Lieben gibt. Wenn ich auf über 15 Jahre Coaching zurückblicke, könnten sehr viele meiner Klienten ihre jeweils eigene Variante davon erzählen, oft ohne dass sie sich dessen bewusst sind. Die Fragen, die sie sich stellen, lauten meist: Warum treffe ich niemanden, der mich wirklich interessiert, oder wenn ich so jemanden treffe, warum passt es dann auf anderen Ebenen nicht? Warum kann ich meine erste Liebe nicht vergessen, warum messe ich alles an ihr? Was ist falsch mit mir, dass ich immer das Falsche für mich wähle? Und oft, wenn wir tief genug graben, finden wir eine alte, tief sitzende Verletzung, sei es eine, die man jemandem zugefügt hat, oder eine, die einem selbst zugefügt wurde. Und mit dem Schmerz, der dadurch verursacht wurde, versuchte man umzugehen, indem man sich gewisse Dinge versprochen hat.

»Sie war meine große Liebe.«
»Glaubst du, dass es so etwas nur einmal gibt?«
»Schon, ich kenne zumindest niemanden, der es zweimal erlebt hat.«
»Das ist schade ... und auch sehr begrenzend.«
»Aber ich liebe sie.« *(die aktuelle Partnerin)*
»Das glaube ich, aber es impliziert auch, dass sie nicht deine große Liebe werden kann.«
»Das erwarte ich auch nicht.«
»Heißt, du glaubst nicht, dass es passieren kann, oder du willst es nicht?«
»Ich glaube es nicht ... Dann kann es wohl auch nicht passieren.«
»Ich bin kein großer Anhänger dieser Theorie.«
»Was meinst du?«
»Dass etwas nur passieren kann, wenn man daran glaubt, überspitzt gesagt: ›Visualisiere und werde Millionär.‹«
»Wirklich?«

»Überleg mal, die Dinge in deinem Leben, die besonders überragend waren, hast du an die geglaubt oder wärst du überhaupt auf die Idee gekommen, dass sie passieren könnten?«

»Wenn ich so darüber nachdenke, bei vielem nicht.«

»Und schon kommt die Theorie ins Wanken ... und Gott behüte, es wäre wirklich so, dass wir alles erschaffen könnten, indem wir nur daran glauben. Ich bin nicht dafür, Gott irgendwelche Einkaufszettel zu schreiben. Wenn diese Theorie also vielleicht in Teilen, aber sicher nicht absolut richtig ist, dann ist dein Glaube, dass es die große Liebe nur einmal gibt, vielleicht ein Puzzlestück zur Antwort, aber nicht das ganze Puzzle. Noch kurz eine Zwischenfrage: Was hat diese Frau zu deiner großen Liebe gemacht?«

»Na, dass ich sie so geliebt habe wie niemanden zuvor oder danach. Es war einfach etwas ganz Besonderes, was man nicht mit Worten beschreiben kann.«

»Wie ging die Beziehung mit deiner ›großen Liebe‹ zu Ende?«

»Ich glaube, wir waren einfach zu unreif, wollten ganz andere Dinge im Leben. Sie wollte Kinder, eine Familie, ich nicht oder zumindest noch nicht, und wir haben uns einfach immer öfter in die Haare bekommen. Es war ein schleichender Prozess, es gab immer mehr Zwistigkeiten, Pausen – und in einer von unseren Beziehungspausen hat sie jemanden gefunden, der ihr das geben konnte, was sie wollte. Ich bin lange nicht darüber hinweggekommen. Rückblickend glaube ich, ich bin in eine ziemliche Depression gefallen, wollte auch keine Beziehung mehr, wollte nichts mehr von Frauen wissen, hatte das Thema innerlich abgehakt. Und trotzdem habe ich mir Vorwürfe gemacht. Wenn ich mehr auf ihre Wünsche eingegangen wäre, kompromissbereiter gewesen wäre, wären wir heute vielleicht noch zusammen.«

»Vielleicht, aber es hört sich so an, als hättest du dann eher ihr Leben und ihre Träume gelebt als deine. Und die Schnittmenge zwischen den beiden war einfach zu klein.«

»Das sagt sich jetzt so einfach, und ich kann es ja auch nachvollziehen, aber ich habe wirklich gelitten wie ein Schwein.«

»Ich glaube, da ist noch ein wichtiger Punkt: Du sagtest, du hattest eine depressive Phase ...«

»Ja.«

»Meine Erfahrung sagt, wenn jemand nach Beendigung einer Beziehung depressiv wird – und da schließe ich klinische Krankheitsbilder aus, ich bin kein Psychiater –, ist das oft ein Indikator dafür, dass viele tiefe Gefühle über einen längeren Zeitraum unterdrückt wurden, weil man keine Zeit dafür hatte, sie nicht spüren wollte, nicht wusste, wie man sie zulassen soll, ohne daran zu zerbrechen ... Und wenn das Maß dann voll ist, kommen sie mit einer solchen Wucht an die Oberfläche, dass man nichts mehr fühlen kann, außer dem Schwall dieser unterdrückten Gefühle, dem man dann oft hilflos gegenübersteht. Hast du nach eurer Trennung hemmungslos weinen oder anders um die Beziehung trauern können?«

»Ich war eher wie in einem Schockzustand. Klar, ich wusste, wir hatten eine schwierige Phase, aber ich hätte es nie hingeschmissen, ich wäre nie auf die Idee gekommen, dass sie die Beziehung aufgibt.«

»Das würde dazu passen, dass dir alles, was du aufgrund des Schocks nicht gespürt hast, irgendwann in geballter Form entgegenkam. Du hast vorhin gesagt, du wolltest auch für einige Zeit keine Beziehung mehr. War das ein Beschluss?«

»Ich habe mir gesagt: Vorbei, Chance verpasst, das bekommst du ohnehin nie wieder, da kannst du Beziehungen gleich ad acta legen. Frauen hatte ich schon immer mal wieder, aber mit Beziehungen hatte ich abgeschlossen.«

»Und ich glaube, hier haben wir das viel größere Puzzleteil. Ein Beschluss ist wie ein Versprechen oder ein Schwur, den du dir selbst gegenüber leistest. Beides ist zeitlich nicht begrenzt und wirkt auch so – unbegrenzt.«

»Wenn ich dieses Versprechen oder diesen Beschluss, was immer es ist, lösen könnte, meinst du dann wirklich, es gibt eine zweite große Liebe?«

»Zum einen mag ich den Begriff ›große Liebe‹ nicht besonders, auch weil er eben oft impliziert, dass es nur eine große Liebe geben kann. Und auch wenn man das Gefühl hat, dass sich mit dieser großen Liebe alles andere perfekt fügt, hast du selbst erlebt, dass es nicht immer so ist. Es gibt ohne Frage Menschen, mit denen wir dieses »spezielle Gefühl« zumindest am Anfang wie von Zauberhand haben. Doch in Beziehungen, in denen sich die Partner daran festhalten, obwohl die Gemeinsamkeiten, die Schnittstellen für ein gemeinsames Leben viel zu klein sind, habe ich das größte Leid gesehen. Warum? Weil das Argument »Aber er/sie ist meine große Liebe« alles trumpft. Es trumpft verbale und körperliche Gewalt; es trumpft Süchte, die unter den Teppich gekehrt werden; es trumpft Verhaltensweisen, die man nur als absolut respektlos bezeichnen kann. ›Ich muss warten, bis er sich von seiner Frau trennen kann, denn er ist meine große Liebe.‹ Wenn man es zulässt, kann man mit diesem Argument alles rechtfertigen. Ob man sich und dem anderen damit etwas Gutes tut, steht auf einem anderen Blatt.

Um mal ein Extrem zu nennen: Ich habe Paare kennengelernt, die sich als Seelenpartner oder Zwillingsseelen gesehen und das auch wirklich so empfunden haben. Vielleicht waren sie tatsächlich Seelenpartner, aber in ihrem realen Leben waren sie kreuzunglücklich. Es kann nicht sein, dass dieses Argument alles Leiden trumpft, das dadurch entsteht.

Zu deiner Frage: Ich glaube, dass wir mehr als einen Partner von ganzem Herzen lieben können, und wenn wir uns nach einer Beziehung nicht verschließen, weder vor unseren Wunden noch vor einer neuen Beziehung, wäre die logische Folge eigentlich, dass wir den nächsten Menschen tiefer und weiser lieben können, nicht weniger. Für mich persönlich wäre es eine Verschwendung, eine Beziehung für weniger einzugehen.«

Manchmal ist es die große Liebe, von der wir glauben, sie komme nur einmal, aber oft ist es auch etwas anderes.

Ich hatte einmal ein Gespräch mit einem bekannten Musiker. Wir sprachen über unser Leben und vergangene Lieben und er sagte: »Weißt du, ich glaube manchmal nicht mehr, dass ich in meiner Position jemanden finden kann. Nicht nur ist es bei meinem Bekanntheitsgrad schwer, Menschen zu treffen, die nicht von meinem Beruf geblendet sind, geschweige einen Partner, und außerdem bin ich auch noch schwul. Ich glaube manchmal, es ist unmöglich.« Darauf erwiderte ich: »Ich glaube nicht, dass Gott, wo immer er ist, dasitzt, den Kopf schüttelt und sagt: ›Zu schwere Kombination, für jeden anderen habe ich den passenden Partner, aber für dich habe ich keine Lösung. Sorry, du musst allein bleiben.‹«

Betrogen und enttäuscht

Jeder Mensch, der lange genug gelebt hat, weiß, was es heißt, betrogen zu werden oder sich betrogen zu fühlen, und damit meine ich nicht notwendigerweise, dass ein

Partner fremdgeht. Es kann auch sein, dass ein Freund unser Vertrauen missbraucht. Es gibt Situationen, in denen man das Gefühl hat, das Leben habe einen betrogen, habe einem nicht die Chance gegeben, die man verdient hätte. Betrug findet oft schon in ganz kleinen Dingen statt. Vielleicht ist der Partner häufig völlig abwesend und betrügt dich dann auch noch um das gemeinsame Wochenende, auf das du dich so gefreut hast, weil er wie das Kaninchen vor der Schlange vor dem Bildschirm sitzt und deine Anwesenheit kaum wahrnimmt, ganz zu schweigen von wirklicher Zweisamkeit. Wenn ein Partner stirbt, fühlt sich das oft wie der ultimative Betrug an, wie irrational das auch sein mag.

Und meist haben wir keine Kontrolle darüber, wer uns wann und wie betrügt. Die Frage ist: Wie gehen wir damit um? Macht es uns härter oder weicher? Viele glauben, dass sie, indem sie durch Betrug und Enttäuschungen immer härter werden, künftige Enttäuschungen vermeiden können. Wenn du auch dieser Ansicht bist, solltest du dir jetzt einen Moment Zeit nehmen und erforschen, ob du damit wirklich alle Enttäuschungen aus deinem Leben verbannen konntest, und wenn ja, zu welchem Preis?

Natürlich gibt es durchaus gesunde Schutzmechanismen. Wenn man beispielsweise wiederholt sehr tief und vielleicht sogar bewusst verletzt und betrogen wurde von einem Partner oder jemandem, der einem sehr nahesteht, ist es nur gesund, dass man irgendwann Grenzen setzt, die Beziehung beendet und sich nicht länger herumschubsen lässt. Das ist ein Ausdruck dessen, was man Selbstwertgefühl nennt, und eine gesunde Erscheinung. Ungesund ist in meinen Augen jedoch der Versuch, sich ein Leben zu »basteln« und die Mauern um sich herum so hochzuziehen, dass keine Verletzungen mehr passieren können. Zum einen ist das kaum möglich, zum anderen zahlt man dafür einen sehr hohen Preis, nämlich nichts und niemanden mehr an sich heranzulassen und niemandem gegenüber mehr tiefe Gefühle zu haben, denn sobald man solche Gefühle hat, ist man automatisch verletzlich.

Je offener und verletzlicher man ist, desto mehr schmerzt es, betrogen zu werden, und desto unerträglicher ist es zeitweise. Dann glaubt man, man halte es nicht aus, dies auch nur noch ein einziges Mal zu erleben, und zieht eine Mauer in Form eines Versprechens: »Ich werde es nicht zulassen, dass mich jemand jemals wieder so verletzt, hintergeht, betrügt.« Und schon hat man sich, ohne es zu wollen, sein eigenes kleines Gefängnis gebaut, denn durch dieses Versprechen grenzt man das eigene Gefühlsspektrum ein, wie oben ausführlich erklärt.

Das Leben ist ungerecht

»Das Leben kann doch nicht so ungerecht sein, ich habe noch nie jemanden so geliebt.«
»Ein guter Freund hat mir einmal gesagt: ›Wenn ich wissen wollte, wie die Welt sein könnte, würde ich dich anrufen. Aber wenn aus ‚könnte‘ ‚sollte‘ wird, fängst du an zu leiden.‹ Die Welt, das

Leben ist nicht gerecht, und wenn man davon ausgeht, wird man leiden. Wenn du dich umschaust, gibt es wenige Anzeichen dafür, dass die Welt gerecht ist. Das wird einem klar, wenn man die Zeitung aufschlägt, und trotzdem hält sich der weitverbreitete Glaubenssatz, dass die Welt gerecht ist oder es zumindest sein sollte. Fakt ist: Die Welt/das Leben ist nicht gerecht. Man könnte auch sagen, sie/es ist nicht perfekt, denn nur dann wäre Gerechtigkeit möglich. Die Frage, die sich hier stellt, ist: Wie gehen wir um mit dem, was in unserem Leben nicht perfekt ist, speziell dann, wenn wir es als große Ungerechtigkeit wahrnehmen?«

»Es ist eine große Ungerechtigkeit! Ich verstehe, was du sagst, aber ich kann das nicht so einfach hinnehmen. Und es tut einfach furchtbar weh im Moment. Ich habe noch nie jemanden so geliebt.«

»Lass uns hier eine wichtige Unterscheidung treffen. Es gibt Schmerz und es gibt Leiden, Schmerz lässt sich nicht vermeiden, er gehört zum Leben dazu, Leiden ist optional. Dass es im Moment sehr schmerzt, die Person verloren zu haben, von der du glaubst, sie wäre deine große Liebe gewesen, ist menschlich. Der Schmerz, der so groß ist, dass man glaubt, es zerreißt einen, gehört mit dazu. Optional hingegen ist, dass du leidest, weil du glaubst, es hätte anders sein sollen. Es ist okay, es dir zu wünschen, aber zu glauben, es müsse anders sein, das verursacht Leiden.«

»Ich kann einfach nicht akzeptieren, dass es so richtig ist, dass es so hat sein sollen. Er sagt, er liebt mich, aber er will sich nicht binden. Er kommt gerade aus einer langen Beziehung ...«

»... und will seine Freiheit genießen.«

»Genau.«

»Ich sage auch nicht, dass es so richtig ist, nur, dass es so ist. Du kannst ihn nicht zwingen, eine feste Beziehung mit dir einzugehen, wenn er das nicht will. Natürlich wäre es traumhaft, aber die Dinge liegen nun einmal anders. Wenn Kinder Verstecken spielen, passiert es manchmal, dass sich ein Kind die Hände vor die Augen hält und glaubt, dadurch sei es unsichtbar, gut versteckt. Genau das machst du im Moment. Dadurch, dass du an einem Szenario festhältst, das nicht zur Wahl steht, leidest du.«

»Aber ich kann es nicht loslassen.«

»Und ich kann dir nicht mit Zwang die Hände vor den Augen weg-nehmen, aber was du damit wählst, ist Leid. Ich versuche dir zu erklären, dass du auf diese Weise eine Entscheidung triffst.«

»Leiden will ich nicht, aber ich kann auch nicht sagen: Toll, dass es so passiert ist. Das ist schon in Ordnung so, kein Pro-blem, ich lasse meine große Liebe einfach los.«

»Stell dir vor, ich laufe eine Woche lang mit den Händen vor den Augen neben dir her. Ich stoße ständig irgendwo an, überquere so die Straßen, bringe mich in Gefahr, und du musst die ganze Zeit aufpassen, dass ich nicht vor ein Auto renne, musst verhindern, dass mir etwas zustößt. Wie lange würdest du das tun, und wann würdest du anfangen, mich davon überzeugen zu wollen, dass es besser wäre, die Hände von den Augen zu nehmen?«

»Na, ziemlich bald.«

»Und wie würdest du das tun, also mich überzeugen?«

»Ich würde dir sagen: Pass auf, es ist viel sicherer, durch die Welt zu gehen, wenn du siehst, was dir entgegenkommt.«

»Und ich würde sagen: Du verstehst nicht, ich kann nicht so einfach meine Hände von meinen Augen nehmen. Außerdem sollte die Welt ein sicherer Ort sein, an dem ich mich blind bewegen kann.«

»Ich verstehe …«

»Wir sind noch nicht fertig. Wie antwortest du mir?«

»Na, dass sie aber nicht sicher ist und du mich damit wahn-sinnig machst.«

»Und ich sage: Aber ich bin es so gewohnt, ich weiß gar nicht, wie ich das machen soll, meine Hände wegnehmen. Außerdem wären meine Augen dann ungeschützt.«

»Aber der Rest deines Körpers wäre sicher.« *(lacht)*

»Genau, merkst du, dass du alles versuchen würdest, um meine Hände von meinen Augen wegzubekommen, und dass du nichts machen kannst, bis ich es endlich selbst tue?«

»Ja.«

»Willkommen in meiner Welt. Ich kann es nicht für dich tun. Ich kann dich nicht zwingen, kein Leiden zu wählen. Du bist die Einzige, die die Hände wegnehmen kann.«

»Aber wie mache ich das?«

»Sollen wir das Spiel weiterspielen?«

»Nein, nein.«

»So wie du mir sagen würdest: ›Nimm jetzt endlich die blöden Hände runter‹, kann dir nur sagen: ›Solange du deine Hände vor den Augen hast …‹«

»Das heißt, ich nehme meine Hände runter, indem ich sage: ›Das, was ich will, nämlich eine feste Beziehung mit ihm, wird nicht passieren.‹«

»Das wäre ein erster Schritt.«

»Okay, ich versuche es.«

»Und ich versuche meine Hände von den Augen wegzunehmen, aber es ist schon arg kalt für meine Augen …«

»Okay, okay, ich akzeptiere, dass er und ich nicht das Gleiche wollen.«

»Das ist ein Anfang, und ich weiß ebenso wie du, dass es Momente, vielleicht auch Tage geben wird, an denen du wieder denkst: Es sollte aber anders sein. Dann wisse einfach, dass du damit Leid wählst, dass es deine Wahl ist und dass du in jedem Moment neu wählen kannst.«

»Ich verstehe mich manchmal selbst nicht. Warum kann ich nicht einfach loslassen?«

»Loslassen? Loslassen ist vielleicht Schritt 78 und wir sind erst bei Schritt 1. Loslassen – wirklich und nicht vom Kopf her – kann man erst, wenn man alles gefühlt hat, was die Situation so hergibt. Loslassen als Strategie, um nicht fühlen zu müssen, ist zum einen eine schlechte Idee, zum anderen wird es auf Dauer nicht funktionieren.«

»Das habe ich ja auch schon gemerkt, aber es tut so scheißweh.«

»Das ist noch ein wichtiger Punkt: Ja, es tut scheißweh, und da gibt es nur einen Weg, mitten durch, durch den Schmerz. Und sei dir bewusst, dass du durch Leiden den Schmerz nur unnötig verlängerst.«

»Wie meinst du das?«

»Schmerz ist unumgänglich. Er gehört einfach zu einer Trennung oder einer Desillusionierung, wie du sie erlebt hast. Er hat, vereinfacht gesprochen, einen Anfang und ein Ende. Leid hingegen ist eine Endlosschleife ohne Anfang und Ende. Jedes Mal, wenn du Leid wählst, bist du in dieser Endlosschleife: »Warum hat er nicht, aber er könnte doch, warum will er nicht, warum ist er so stur ...« Alle Gefühle, die du in deinem Leiden, in dieser Endlosschleife empfindest, werden mit der Zeit nicht besser oder einfacher. Vielmehr wirst du immer verbitterter, immer härter. Leid ist eine Sackgasse. Auf der anderen Seite lässt der Schmerz, wenn du ihn spürst, mit der Zeit nach. Es gibt einen Endpunkt, einen Punkt, an dem du mit Wohlwollen zurückschauen kannst. Das ist der Unterschied.«

Übung: Versprechungen lösen

Vielleicht ist dir beim Lesen das eine oder andere Versprechen eingefallen, das du dir selbst oder jemand anderem gegeben hast. Dazu zählen natürlich auch Ehe-/Heiratsversprechen, selbst dann, wenn später eine Scheidung oder Trennung folgt. Eins sollte klar sein: Dass ein Versprechen oder ein Schwur wirksam ist, heißt nicht notwendigerweise, dass du mit der Person noch Kontakt hast oder haben willst oder dass du emotional gebunden bist. Es heißt schlicht und ergreifend, dass du in Gedanken oder laut etwas versprochen hast. Dabei ist unerheblich, ob du jetzt noch an dieses Versprechen glaubst, ob es dir jetzt noch etwas wert ist.

Bevor ich zur eigentlichen Übung komme, noch ein paar Worte. Ich stelle immer wieder fest, dass es im Leben oder auch wenn ich mit Klienten arbeite, einen Punkt gibt, an dem es nicht weitergeht, wenn man nicht eine höhere Instanz miteinbezieht. Dies gilt besonders dann, wenn man das Gefühl hat, dass die Last, die man auf den eigenen Schultern trägt, erdrückend ist. Ob man diese höhere Instanz Gott, das Göttliche, Mutter Maria oder Kali nennt, spielt keine Rolle. Wichtig ist, dass man sich mit ihr wohlfühlt, ihr vertraut und sich ihr irgendwie verbunden spürt, sodass man einen Teil der Last an sie abgeben kann.

Schaffe einen Raum für dich, wo du absolut ungestört bist. Nimm dir Zeit, den Tag und die Geschehnisse hinter dir zu lassen, vielleicht, indem du dich 15 Minuten ausruhst, meditierst, einen Spaziergang machst, was immer dich in einen ruhigen und empfänglichen Zustand versetzt.

Spüre in dich hinein. Spürst du Widerstände, das Versprechen loszulassen; Befürchtungen, was dann passieren könnte, oder andere »Aber« in deinem Kopf? Schreibe sie auf ein Blatt Papier. Wenn du einen Altar zu Hause hast oder ein Bild von deiner höheren Instanz, dann lege das Geschriebene auf diesen Altar oder zu dem Bild. Wenn du keinen Altar und kein Bild hast, stell dir vor, wie du es dem Göttlichen übergibst.

Nun kannst du entweder ein paar Tage aussetzen und alles sacken lassen oder mit dem zweiten Teil der Übung fortfahren.

Schreibe das Versprechen auf ein Blatt Papier, und zwar so, wie du es gesprochen oder gedacht hast. Sprich dann folgende Bitte oder folgendes Gebet:

Ich übergebe mein Versprechen, meinen Schwur, mein Gelübde (was immer zutrifft) .... (hier das Versprechen einfügen), das ich mir selbst gegeben/X gegenüber geleistet habe, dem Göttlichen. Ich bitte um vollständige Auflösung des Versprechens auf allen bewussten und un(ter)bewussten Ebenen.

Danach legst du das beschriebene Blatt auf deinen Altar oder vor ein Bild deiner höchsten Instanz. Oder du stellst dir vor deinem inneren Auge eine durchsichtige Kugel mit einer Öffnung vor. In diese Kugel legst du das Versprechen, so wie du es gedacht oder gesagt hast, sowie die Bitte um Auflösung des Versprechens (das beschriebene Blatt). Dann schließt du die Kugel und siehst, wie sie nach oben schwebt und von deiner gewählten Gottheit in Empfang genommen wird. (Ich persönlich stelle mir immer vor, wie sie in Kalis Mund schwebt und aufgefressen wird.)

Zuletzt siehst du vor deinem inneren Auge oder spürst, dass die Gottheit alle Verbindungen zwischen dir und deinem Versprechen durchschneidet und dass diese Verbindungen zu Staub zerfallen.

Kapitel 3

Weise wählen ... »aber ich liebe ihn doch«

Alle diese Schutzmechanismen haben einen Sinn und erfüllen einen Zweck. Solange man die Kunst, eine weise Entscheidung zu treffen, nicht beherrscht, schützen sie einen davor, den gleichen Fehler immer wieder zu begehen und noch tiefere Wunden im Herzen davonzutragen.

Jede Kunst beginnt als Handwerk, und das Handwerkszeug, das du für diese Kunst brauchst, kann ich dir geben, doch du selbst musst lernen, damit umzugehen. Bevor man Opern spielen kann, muss man Tonleitern üben. Das ist nicht gerade die spannendste Sache der Welt, aber es ist die Basis, die jeder Musiker braucht.

Fangen wir also mit den Tonleitern an. Wenn du zurückschaust, wie hast du deine Partner ausgewählt? Oder haben sie dich gewählt? Glaubst du, dass man mit jemandem zusammenkommen/bei ihm oder ihr bleiben muss, weil man ihn/sie liebt? Wenn ja, frage ich dich: Wo steht geschrieben, dass dem so ist?

Wenn ich Klienten frage, warum sie in einer Beziehung ausharren, die ihnen schadet und sie nicht würdigt, die also schlicht und ergreifend toxisch für sie ist, höre ich ganz häufig den Einwand: »Aber ich liebe sie/ihn noch ...« Dann frage ich: »In welchem Buch steht geschrieben, dass man jemanden nicht mehr lieben darf, um zu gehen?«

Ich hoffe, dass etwas Derartiges in keinem Buch der Welt steht. Es gibt zwei mögliche Hintergründe für einen solchen Einwand. Erstens, der- oder diejenige verwechselt Liebe mit alten Konditionierungen (siehe nächstes Kapitel), und zweitens, er oder sie glaubt, dass man eine Beziehung um jeden Preis aufrechterhalten muss, solange noch Liebe im Spiel ist. Letzteres basiert auf dem »romantischen Bild«, das man sich von einer Beziehung macht.

Der folgende kurze Rückblick in die Geschichte hilft uns vielleicht herauszufinden, wie dieses romantische Bild entstanden ist und inwieweit es uns wirklich dient.

Bis Mitte des 19. Jahrhunderts waren Scheidungen in der westlichen Welt eine Seltenheit, und wenn sie vollzogen wurden, dann bestimmt nicht, weil man sich nicht mehr liebte.

Sinn und Zweck von Beziehungen war es, eine Gesellschaft/Gemeinschaft zu stabilisieren. Sie waren daher auf völlig anderen Werten aufgebaut, als es die meisten Beziehungen heute sind. Für das einfache Volk ging es dabei in erster Linie um Sicherheit, Schutz und das nackte Überleben. Für die Aristokratie standen die Sicherung und der Ausbau der Macht im Vordergrund. Um dies zu erreichen, war auch die Heirat von Geschwistern zulässig und keine Seltenheit. Das ist heute nicht nur unvorstellbar, sondern wegen der Gefahr einer genetischen Schädigung auch gesetzlich verboten.

Die Ehe hatte nichts mit Liebe oder Verliebtheit zu tun. Ewige Liebe und Treue spielten unter Ehepartnern keine große Rolle. In fast allen Königshäusern gab es Konkubinen, um Gelüste zu befriedigen und den Wunsch nach Verliebtheitsgefühlen zu erfüllen.

Was kümmern uns diese alten Geschichten? Sie sind eine Art Erbe, das wir mit uns herumtragen. Wenn wir einen Blick in die eigene Familienhistorie werfen, sehen wir oft, dass die jungen Leute in der Generation unserer Großeltern oder Urgroßeltern noch unter diesen Gesichtspunkten geheiratet haben oder sogar verheiratet wurden. Ich weiß beispielsweise, dass meine Großmutter nicht ihre große Liebe heiraten durfte, sondern auf Druck oder Wunsch ihrer Familie – je nachdem, wer die Geschichte erzählt – einen Beamten geheiratet hat, der ihr und der ganzen Familie in den unsicheren Zeiten nach den Wirren des Zweiten Weltkrieges das bieten konnte, was am meisten gebraucht wurde: Sicherheit.

Dieser rote Faden zieht sich weiter durch die Nachkriegszeit, in der die Standardfrage der Eltern an den künftigen Schwiegersohn war: »Können Sie unsere Tochter auch ernähren?«

Solche »profanen« Erwartungen an eine Beziehung sind sehr viel üblicher, als wir vielleicht wahrhaben möchten, denn für jede Beziehung, sei es eine Liebesbeziehung oder eine Vernunftheirat, gilt: Solange die Grundbedürfnisse nicht befriedigt sind, kann der Mensch nicht nach Höherem streben.

Das geht auch aus der sogenannten Bedürfnispyramide hervor, die Abraham Maslow, amerikanischer Psychologe und Mitbegründer der humanistischen Psychologie, ab 1943 aufgestellt und weiterentwickelt hat. Sie zeigt in Form einer Pyramide, wonach Menschen streben und was sie motiviert.

Die Bedürfnispyramide nach Maslow

Stabile Beziehungen – sprich, Ehen – waren auf jeden Fall bis zur Industrialisierung und auch immer in und nach Notzeiten durch ganz klar messbare Werte definiert. Sie sollten die Grundbedürfnisse befriedigen und dem Wohl einer größeren Gemeinschaft dienen, wiederum basierend auf den Bedürfnissen dieser Gemeinschaft. Das sogenannte feudale Konzept der Ehe war und ist vor allem etwas für Adlige und Landbesitzer und dient der Stabilität des Bestehenden beziehungsweise der Wahrung und Vermehrung des Besitzes. Verheiratet wurden/werden nicht in erster Linie Menschen, sondern Äcker, Ländereien oder sogar ganze Länder.

Neben diesem feudalen Konzept der Ehe entstand im mittelalterlichen Europa (ab dem 12. Jahrhundert) eine Bewegung, die als »Höfische Minne« oder »Hohe Minne« große Bekanntheit erlangte, nicht zuletzt, weil die Liebeslyrik einiger Minnesänger bis heute überlebt hat. Der Minnesänger, meist ein junger Ritter oder Edelknecht, wählte sich eine verheiratete adlige Dame, um sie mit seiner vergeistigten Liebe in Form von Liedern und Gedichten zu umwerben. Als Lohn bekam er ab und zu einen Gruß in Form eines Tuches oder Blumenkranzes nach einem Turniersieg. Die Verliebtheit lebte von der Unerreichbarkeit der Geliebten, denn es war ein ungeschriebenes Gesetz, dass diese Liebe unerfüllt bleiben wird. Interessanterweise gibt es in den ehemaligen Fürstenstaaten Rajasthans (Nordindien) einen ganz ähnlichen Brauch, der bis heute überlebt hat: Eine verheiratete Frau kann einen nicht zu ihrer Familie gehörigen Mann zum Bruder wählen. Diesem Mann schenkt sie ein Armband *(Rakhi)*, und wenn er es annimmt, ist er bereit, sein Leben für diese Frau zu geben. Die Verbindung, die auf diese Weise geknüpft wird, heißt *Raksha Bandhan* (wörtlich »schützende Verbindung«) und bleibt ein Leben lang bestehen. Dass die »schützende Verbindung« keine sexuelle Komponente hat, versteht sich von selbst und wird noch dadurch bekräftigt, dass das Armband Reinheit symbolisiert.

Diese Art von ideeller Beziehung und Verliebtheit war auf keinen messbaren Werten aufgebaut, außer dem subjektiven Erleben der Verliebtheit. Hier standen nicht die sozialen Bedürfnisse im Vordergrund, sondern allein die individuellen: »zu deinem Wohle/ zur Befriedigung deiner Bedürfnisse«.

Verliebtheit wurde nie als Ersatz für eine stabile Beziehung gesehen, sondern allenfalls als romantischer Zusatz. Wir sind die ersten Generationen, die beide Konzepte verschmelzen wollen und dabei mehr oder weniger erfolgreich sind. Natürlich gab es seit Menschengedenken große Liebesgeschichten innerhalb einer Beziehung/Ehe, aber es war nie gesellschaftlich akzeptiert, danach zu streben.

Meine erste Erfahrung mit der Art von Beziehung, die zunächst ohne jeden romantischen Zusatz auskommt, habe ich in Indien gemacht, wo ich mit Anfang zwanzig lebte. Mir war sofort klar, dass mir die Art, wie Ehen in ländlichen Regionen geschlossen werden, grundsätzlich fremd ist. Und da ich dazu neige, sehr ausgeprägte Meinungen zu haben und sie auch kundzutun, machte ich auch aus meiner Meinung zur arrangierten Ehe keinen Hehl: Sie ist schlecht, sollte lieber heute als morgen abgeschafft werden und niemand kann in einer arrangierten Ehe glücklich sein. Punkt. Mit der Zeit musste ich meine Meinung allerdings revidieren und zugeben, dass es gute und schlechte Ehen gab, wie ich es aus Deutschland auch kannte. Das war nicht gerade die Erkenntnis, die ich mir erhofft hatte, und passte so gar nicht in mein damaliges feministisches Weltbild.

Also habe ich tiefer gegraben, um herauszufinden, was die Frauen dort unter einem guten Ehemann verstehen. (Unverheiratete Frauen sprechen in ländlichen Gebieten nicht mit Männern, mit denen sie nicht verwandt sind. Daher kann ich hier nur eine Sichtweise wiedergeben.)

Meine erste Frage war die nach dem idealen Partner, auf die ich zu meinem großen Erstaunen und anfangs auch zu meinem Entsetzen immer die gleiche Antwort bekam: Der ideale Partner trinkt nicht, verspielt kein Geld, arbeitet und versorgt damit die Familie und schlägt seine Frau nicht. So weit, so gut, aus meiner Sicht sehr bescheidene Ansprüche. Meine zweite Frage an die Frauen war: Und wenn ein Mann all diese Eigenschaften hätte, was würden sie sich noch wünschen?

Diese Frage wurde immer mit verständnislosen Blicken quittiert. Anfangs führte ich dies noch auf Sprachbarrieren zurück, aber mit der Zeit wurde mir klar, dass der Wunsch nach einer Partnerschaft, die mehr bietet als Sicherheit und körperliche Unversehrtheit, diesen Frauen völlig fremd war. Er existierte in dem gesamten Umfeld, in dem sie lebten, einfach nicht, außer vielleicht in Bollywood-Filmen.

Ein paarmal im Jahr fuhr ich nach Bangalore, weg von dem ländlichen Leben, das sich nie zu verändern schien und wo alles seinen langsamen und stetigen Gang ging, den ich so liebte. Bangalore war anders. Hier konnte man einen Eindruck bekommen vom westlichen Lebensstil und vom westlichen Essen. Da war vor allem dieses Café in einer Seitenstraße mitten im Zentrum von Bangalore, eines der wenigen, in dem es Kuchen gab, auch wenn der Kuchen so war, wie Süßigkeiten in Südindien gern mal sind: gelb, rosa, grün oder rot. Hier gab es auch amerikanisches Fastfood, Cappuccino und Softeis, himmlisch nach Monaten mit nichts als Dhal und Reis und Reis und Dhal. Man wird reichlich milde, wenn das Essen halbwegs westlich aussieht, selbst wenn die Burger vegetarisch sind und voller Chilis und der Kuchen hauptsächlich aus Zucker und Sahne besteht, die nicht nach Sahne schmeckt.

Das Café hatte etwas von westlicher Welt, die Einrichtung erinnerte an den Film *Grease,* bombastische rote Sofas aus Kunstleder im Stil der 1960er-Jahre, eine Jukebox, die selten funktionierte, ganz im indischen Stil.

Wie in keinem anderen der Lokale in Bangalore, in denen ich bisher gewesen war, und das waren einige, trugen hier alle westliche Kleidung oder zumindest halbwegs westliche, die Frauen beispielsweise nur eine kurze Tunika. Die meisten der Anwesenden waren in ihren Zwanzigern, so alt wie ich damals, und unterhielten sich zwanglos in gemischten Gruppen, und zwar ohne Anstandswauwaus, ein vertrauter Anblick außerhalb Asiens, aber gleichzeitig etwas, was ich in Indien noch nie zuvor gesehen hatte. Dieses Café wurde schnell mein Lieblingslokal. Immer wenn ich in Bangalore war, kam ich hierher und schaute mir an, was ich schon eine ganze Weile hatte sehen wollen: junge Menschen, die ohne kulturelle Regeln und Einschränkungen miteinander abhängen; Menschen, die Blickkontakt halten, während sie mit Menschen des anderen Geschlechts sprechen. Das hört sich vielleicht mehr als normal an, aber glauben Sie mir, eine der ersten Lektionen, die ich in Indien gelernt habe, war: Halte keinen Blickkontakt mit einem Mann, der nicht dein Bruder, Cousin oder sonst ein Verwandter ist. Das könnte als flirten interpretiert werden oder als Annäherungsversuch, und diesen Eindruck will man ja nicht erwecken, wenn man als Frau allein in Indien unterwegs ist.

Aber hier war all das normal. Es gab viele kleine Tische für nur zwei Personen, und in der Regel saßen ein junger Mann und eine junge Frau daran, die miteinander plauderten und dabei hemmungslos flirteten. Nachdem ich zunächst ganz entzückt gewesen war, hatte ich schnell das

Gefühl, dass dies alles ziemlich abgefahren war. Es fühlte sich irgendwie gezwungen an, und mittlerweile bin ich mir bewusst, dass flirtende junge Menschen oft nicht gerade einen besonders selbstsicheren und erleuchteten Eindruck machen. Da ist oft eine Menge Angeberei, Unsicherheit und Unbeholfenheit im Spiel, und gleichzeitig will sich keiner eine Blöße geben, doch was ich hier sah, war noch ein wenig anders. Es wirkte, als hätten diese jungen Leute ein Skript gelesen, das sie jetzt nachspielten, ohne sich darüber bewusst zu sein, was das Skript bedeutete.

Was ich hier sah, waren junge Leute der Bangalorer Mittelschicht, die – oft mit Billigung ihrer Eltern – junge Leute des anderen Geschlechts trafen, mit ihnen flirteten, sie besser kennenlernten. Doch auf mich wirkten sie vollkommen verloren in ihrem unsichtbaren Skript, als hätten sie *Beverly Hills 90210* rauf und runter gesehen und zu ihrer Dating-Bibel gemacht, und da liege ich vermutlich nicht ganz falsch.

Sie sahen aus wie Laienschauspieler, die sich ganz darauf konzentrieren, zum richtigen Zeitpunkt die richtigen Gesten zu machen – ein Stirnrunzeln hier, eine wie zufällige Berührung da. Und noch ein in Indien höchst ungewohnter Anblick: junge Frauen, die sich vorbeugten, die aktiv und gesprächig waren und ganz unschuldig ihren Sexappeal ausprobierten, während sich die jungen Männer cool und entspannt zurücklehnten und ganz einen auf Brandon Walsh machten. Er hatte ihnen gezeigt, wie man ein Mann ist und Männlichkeit am besten an den Tag legt.

Und all das geschah nicht, weil sie es wirklich empfanden oder weil sie das Gefühl hatten, es sei richtig, sich so zu verhalten. Ich hatte eher den Eindruck, dass hier eine

Erwartung gegen eine andere ausgetauscht worden war und eine Rolle die andere abgelöst hatte. Die jungen Frauen, von denen viele sicher noch von ihren Müttern gelernt hatten, dass ein anständiges indisches Mädchen in Gegenwart von Männern den Blick zu senken und sich unauffällig und angenehm zu verhalten hat, schlüpften nun in eine neue Rolle, nämlich die der eigenständigen Frau, die sich selbst auf die Suche nach einem Ehemann oder Freund macht, vielleicht in dem Glauben, dass Liebe alles ist, was man braucht. Worüber sich diese Mädchen scheinbar kaum Gedanken machten, war, wonach sie eigentlich wirklich suchten, worauf sie bei solchen Treffen achten sollten und dass die Tatsache, dass man sich vor der Heirat in jemanden verliebte, noch lange keine Garantie für eine gute Ehe war. Was sie vielleicht glaubten, weil sie es in amerikanischen Filmen immer wieder gesehen hatten, war: Solange man jemanden liebt, wird am Ende alles gut. Eine gewisse Naivität bei dem Versuch, den richtigen Partner zu finden, war jedenfalls unübersehbar.

Und genau an diesem Ort und zu dieser Zeit löste sich bei mir eine lang gehegte Vorstellung in Luft auf – die Vorstellung, dass jeder glücklicher sein und bessere Beziehungen haben könnte, wenn er oder sie nicht morgen, sondern jetzt seinen oder ihren Partner wirklich selbst wählen könnte. Mir wurde klar, dass dieser Übergang von der arrangierten Ehe zur Liebesheirat Zeit brauchte und nicht forciert werden konnte.

Dies war die erste Generation, die das »Experiment Liebesheirat« in Angriff nahm, was mir zu dem Zeitpunkt (1999 bis 2003) noch nicht klar war. Wie sollen junge Menschen wissen, wie man sich einen Partner nach romantischen Kriterien aussucht, wenn es ihnen ihr gesamtes Umfeld – ihre Eltern, Großeltern, alle Verwandten, Freunde, kurz: alle Menschen, die sie je kennengelernt haben – nie vorgelebt hat und wenn sie romantische Beziehungen allenfalls aus dem Fernsehen kennen, aber nie »in echt« erlebt haben?

So sehr, wie wir hier im Westen davon überzeugt sind, dass man jemanden lieben muss, um eine Partnerschaft mit ihm einzugehen, so sehr glaubt man in Indien, dass die Liebe nach der Hochzeit kommt (*love comes after marriage*).

Ich kann nicht sagen, dass ich die nach dieser Überzeugung geschlossenen, arrangierten indischen Ehen als unglücklicher erlebt habe. Die Eltern suchen nach ihren Werten und Vorstellungen, was die Ehe und das Leben betrifft, einen Partner für ihr Kind aus. Und das ist, wenn die eigene Ehe harmonisch ist, ein erfolgreiches Konzept. Nicht zuletzt auch deshalb, weil die Ehefrau nicht nur den Partner heiratet, sondern seine ganze Familie, die oft auch noch unter einem Dach wohnt, was zur Folge hat, dass Bedürfnisse auch von anderen Familienmitgliedern erfüllt und Frustrationen »großflächig« aufgefangen werden.

Nun bin ich aber in einer anderen Kultur aufgewachsen und, was meinen Partner betrifft, nicht auf die Auswahl meiner Eltern erpicht. So viel ist klar. Doch welche Rolle spielen die oben erläuterten Kriterien bei meiner eigenen Partnerwahl?

Frage: Ich habe die Wahl zwischen zwei Männern. Beide haben das Aussehen von Hugh Jackman und das Herz des Dalai Lama, einer von beiden ist Milliardär, der andere mittellos. Welchen würde ich nehmen?

Da fällt die Entscheidung nicht schwer? Die ersten beiden Stufen von Maslows Bedürfnispyramide spielen bei allen unseren Entscheidungen eine große Rolle – ganz egal, ob wir aktuell auf einer dieser Stufen stehen oder nicht. Eine Gesellschaft als Ganzes und ein jedes Individuum entwickeln sich nämlich inklusiv und nicht exklusiv. Das heißt, wenn wir eine Beziehung anstreben, die uns noch mehr bieten soll als Nahrung, ein Dach über dem Kopf, Sicherheit, Verlässlichkeit und Respekt, dann heißt das nicht, dass wir auf all das verzichten können. Vielmehr müssen neue Werte auf den bereits vorhandenen aufbauen, damit das System stabil bleibt.

Egal in welche traditionelle Gesellschaft man schaut, wenn arrangierte Ehen durch Liebesheiraten ersetzt werden, geht die Scheidungsrate steil nach oben (in den letzten Jahre auch in Indien). Das hat sicherlich auch etwas damit zu tun, dass Frauen (finanziell) unabhängiger werden und nicht in missbräuchlichen Beziehungen ausharren (müssen), aber bei weitaus mehr Scheidungen wird als Grund angegeben, dass einer der Partner oder beide unzufrieden und unglücklich ist/sind.

Die Ehe soll mich glücklich machen. So normal sich diese Erwartung oder Vorstellung auch anhören mag, als Konzept ist sie noch nicht sehr alt. Bis vor weniger als 150 Jahren konnten Ehen in den USA nur aus drei Gründen aufgelöst werden: Missbrauch, Vernachlässigung und Ehebruch. In Europa war es ähnlich – bis auf wenige Ausnahmen. Um 1900 hatte man in der Schweiz kurzfristig ein Scheidungsrecht, das auf dem Mangel an »gemeinsamem Begehren« basierte. Das wurde aber ganz schnell wieder abgeschafft, weil man fürchtete, die Stabilität der Ehe und damit der ganzen Gesellschaft werde so der »Willkür flatterhafter Eheleute« geopfert.* Wie dieses Beispiel sehr eindrücklich zeigt, sah man die Ehe als Stütze beziehungsweise kleinste stabile Einheit der Gesellschaft in Gefahr, wenn man sie allein den Launen oder momentanen Leidenschaften der Eheleute überließ. Wenn die Umstände, unter denen Ehen geschlossen und eventuell wieder aufgelöst werden können, nicht mehr messbar und kontrollierbar sind, hat das Auswirkungen auf die ganze Gesellschaft. Daher wurde (und wird) es in traditionellen Gesellschaften nicht gern gesehen.

Doch zurück zu den Bedingungen, die für uns gelten. Wir leben in einer modernen Gesellschaft, in der uns normalerweise nicht vorgeschrieben wird, wen wir unter welchen Bedingungen zu heiraten haben und wann wir die Beziehung beenden dürfen. Darüber können wir allein entscheiden, doch das fällt offenbar auch nicht immer leicht.

Die häufigste Antwort auf die Frage »Warum bist du in einer Beziehung, die dir offensichtlich nicht guttut?«, lautet: »Ich liebe ihn doch noch.« Gleich danach kommt das Argument »Ich muss bestimmt noch etwas lernen« oder die Gegenfrage: »Aber was, wenn ich noch etwas lernen soll, bevor ich gehen darf/soll?«

Vor Kurzem rief mich eine Klientin an, der ich vor Jahren folgende Antwort auf diese Gegenfrage gegeben hatte: »Und was, wenn du einfach lernen musst zu gehen?« Nach drei langen und sehr beschwerlichen Jahren hat sie sich endlich aus der Beziehung

---

* Quelle: http://www.nzz.ch/aktuell/startseite/articleCVR4I-1.178760

verabschiedet. Kurz darauf rief sie mich an und sagte: »Weißt du noch, was du mir vor drei Jahren gesagt hast? Es gab wirklich nichts anderes zu lernen, als einfach zu gehen. Ich habe es endlich geschafft.«

Wenn ich Klienten frage, worauf dieser teilweise unerschütterliche Glaube, man müsse etwas lernen, bevor man eine Beziehung beenden darf, basiert, höre ich meist die Gegenfrage: »Ist es denn nicht so«?

»Es kommt darauf an«, sage ich dann. »Natürlich sind alle Beziehungen und ist das Leben selbst auch dafür da, dass wir vieles lernen, aber sie sollten nicht darauf reduziert werden. Und eine zerrüttete Beziehung ist ein denkbar schlechtes Klassenzimmer. Hast du Angst, etwas zu verpassen, wenn du die Beziehung jetzt beendest?«

»Ja, wir hatten immerhin auch schöne Zeiten.«

»Unbestritten.«

»Vielleicht soll ich ja noch etwas lernen.«

»Was meinst du denn, noch lernen zu müssen?«

»Das weiß ich nicht, aber vielleicht wird es ja auch wieder besser.«

Ich habe oft erlebt, dass Menschen von nichts anderem in einer Beziehung gehalten werden als von der Angst, irgendeine nebulöse Chance zu vertun, wenn sie die Beziehung verlassen – die Chance, noch etwas »ganz Wichtiges« lernen zu müssen. Doch weder ist eine Beziehung eine Lehranstalt noch ist Angst ein guter Ratgeber. Es ist mir bisher nicht gelungen, den Ursprung der »Weisheit« ausfindig zu machen, die besagt, dass man immer und in allen Situationen etwas *lernen* muss. Also habe ich sie mit der Zeit unter »nicht fundierte esoterische Wahrheiten« eingeordnet –

sogenannte »Wahrheiten«, die in meinen Augen keine nach-
vollziehbare Grundlage haben, dafür aber umso größeren
Schaden anrichten können.

Meiner Erfahrung nach sollte eine erfüllte Beziehung auf
vier Grundsteinen aufgebaut sein:

- Anziehung
- Kommunikation
- ähnliche Werte / ähnliche Vorstellungen von der Zukunft
- ein offenes, freies Herz.

Anziehung

**»Die Maschen halten den Schal zusammen. Was hält euch beide
zusammen?«**

*Ich warte, um der Klientin Zeit zum Nachdenken zu geben. Nach
gefühlten fünf Minuten kommt die Gegenfrage:*

> **»Wie meinst du das?«**
> **»Was sind die Dinge, die euch verbinden?«**
> > **»Das ist aber eine schwere Frage … keine Ahnung.«**

Dritter Anlauf. Diesmal frage ich ganz direkt:

»Warum bist du mit ihm zusammen?«

»Hmm, also, na ja, wie das halt so ist.«

»Was meinst du?«

»Man ist verliebt. Deswegen ist man zusammen und dann zieht man zusammen. Wir sind ja auch erst ein Jahr zusammen, ich habe mir da noch nie Gedanken darüber gemacht.«

»Wenn wir uns für einen Moment vorstellen, die Verliebtheit fällt weg, was bleibt übrig?«

Anziehung – das sichere Gefühl, den anderen attraktiv und ansprechend zu finden, ein gewisser »Kick« oder Schmetterlinge im Bauch – ist oft der Beginn dessen, woraus später eine Beziehung wird.

Anziehung ist ein wichtiger Grundstein für eine Beziehung, denn sie führt die beiden Menschen zusammen. Und solange dieser Grundstein nicht erschüttert wird, sind kaum Probleme zu vermelden. Dies gilt in der Regel für die ersten Monate oder Jahre einer Beziehung.

Wenn dieser Grundstein allerdings der einzige im Fundament einer Beziehung ist, ist die Last, die er tragen muss, zu schwer, und das Risiko, dass er unter dieser Last zusammenbricht, ist groß.

Kommunikation

Ich bin entgegen meiner Gewohnheit sonntags im Büro. Als das Telefon klingelt, nehme ich trotzdem ab. Eine Klientin ist am anderen Ende der Leitung. Sie ist völlig aufgelöst.

»Was ist denn passiert?«

»Er hat sich selbst befriedigt.« *Sie kann vor lauter Schluchzen kaum sprechen.*

Vielleicht liegt es daran, dass Sonntag ist und ich eigentlich nur kurz was aus dem Büro holen wollte, aber ich weiß nicht, was der letzte Satz und ihr aufgelöster Zustand miteinander zu tun haben. Doch eines weiß ich: Sie spricht von ihrem Ehemann.

»Ich verstehe den Zusammenhang nicht. Was ist passiert?«

»Ich bin nach dem Aufstehen zurück ins Schlafzimmer gekommen. Da hat er sich selbst befriedigt, und meine Eltern sind zu Besuch hier.«

Mittlerweile habe ich vom Sonntags- auf den Coachingmodus umgeschaltet und bin mir ziemlich sicher, dass es hier um etwas ganz anderes geht. Aber da ich in meiner Arbeit gern mit dem Praktischen anfange, bevor ich tiefer gehe, frage ich sie:

»Kommen deine Eltern ohne anzuklopfen in eurer Schlafzimmer?«

»Nein.«

»Das ist also nicht das Problem?«

»Nein, aber es macht alles nur noch schlimmer.«

Ich merke, dass es ihr schwerfällt, das eigentliche Problem überhaupt auszusprechen, doch genau das ist wichtig. Also frage ich weiter:

»Kannst du mir sagen, was dich im Moment so mitnimmt?«

»Dass er sich selbst befriedigt. Das darf er nicht, er ist doch mit mir verheiratet. So kann das doch in einer Ehe nicht sein.«

»Habt ihre eine Abmachung darüber?«

  »Nein, aber das sollte eigentlich klar sein!«

»Hmm, das scheint es nicht zu sein, oder?«

Ich höre ein zerknirschtes leises und etwas widerwilliges Nein am anderen Ende der Leitung.

»Habt ihr euch jemals darüber unterhalten? Hast du ihm jemals gesagt, dass Selbstbefriedigung in der Ehe/Beziehung keine Option für dich ist?«

  »Ich habe nie gedacht, dass das überhaupt zur Debatte steht.«

»Schau, ich schildere dir mal meine Sichtweise des Ganzen, und dann sehen wir weiter. Es ist für dich ein sehr wichtiges und im Moment emotional stark belastetes Thema. Du bist davon ausgegangen, dass sich Sexualität in einer Beziehung immer zwischen den beiden Partnern abspielt. Und wenn das nicht der Fall ist, fühlt es sich für sich an, als hätte er dich betrogen.«

  An dem Punkt unterbricht sie mich kurz. »Genau, es fühlt sich an, als wäre er fremdgegangen.«

»Es geht hier nicht um richtig oder falsch. Ich habe schon sehr viele Beziehungsmodelle gesehen und möchte mich hier nicht als Richter aufspielen. Verschiedene Abmachungen funktionieren für verschiedene Menschen, der erste springende Punkt ist, dass ihr nicht nur keinen Konsens habt, was das Thema Selbstbefriedigung betrifft, ihr habt dieses Thema nie auch nur angesprochen, weil deine Sichtweise für dich normal ist. Und ich würde wetten, er denkt das Gleiche über seine Art, die Dinge zu sehen. Das Thema Sexualität hat in eurer Beziehung nicht genügend Grenzen, auf die ihr euch beide geeinigt habt und die ihr achtet.«

  »Aber sollte es nicht normal sein, das man ›so etwas‹ in einer Ehe nicht braucht?«

»Es gibt kein allgemein gültiges Normal. Für dich ist es normal, für ihn ist etwas anderes normal. Weder das eine noch das andere ist falsch oder ein Problem an sich. Das Problem ist, dass der andere nie wusste, was für den Partner ›normal‹ ist, und daher gab es auch nie die Chance auf einen Konsens.«

Im Laufe des Gesprächs wird mir klar, wie sehr sie sich wünscht, dass ich auf ihrer Seite bin und ihr bestätige, dass es in dieser Situation ein Richtig und ein Falsch gibt. Das ist zunächst einmal ganz menschlich, und ich glaube, wir alle kennen den Moment, in dem wir einen vertrauten Menschen anrufen, um uns bestätigen zu lassen, dass wir im Recht und der andere im Unrecht ist. In solchen Situationen hat man das Gefühl, man brauche diese Bestätigung so dringend wie die Luft zum Atmen. Und wenn man der Freund ist, der angerufen und gebeten wird, die Absolution zu erteilen, merkt man sehr schnell zwei Dinge:

1. *Misery loves Company (»Geteiltes Leid ist halbes Leid«) oder, anders ausgedrückt, der einfachere Weg ist der Weg der Zustimmung.*
2. *Es ist oft wichtig, genau diesen Weg nicht zu gehen. Manchmal ist ein guter Freund auch ein guter Coach, was in der Regel bedeutet, das zu sagen, was der andere überhaupt nicht hören will. Also sage ich:*

»Um auf die aktuelle Situation zurückzukommen, habt ihr nach diesem ›Vorfall‹ miteinander gesprochen?«

»Ja, kurz«.

»Was hat er gesagt?«

»Na ja, dass er weiß, wie hektisch und gestresst ich morgens immer bin, wenn meine Eltern zu Besuch sind; dass ich dann nicht ›in Stimmung bin‹ und fluchtartig das Bett verlasse, um alles fürs Frühstück vorzubereiten, und dass er dachte, er nimmt den Druck raus, wenn er die Sache selbst übernimmt. Aber er hätte ja einfach bis Montag warten können.«

»Hätte er, der Punkt ist aber nicht, was er hätte anders machen können, sondern dass eure Vorstellungen von Sexualität andere sind, und ihr das nie wirklich klar kommuniziert habt. Und solange das nicht auf den Tisch kommt und eine gemeinsame Basis gefunden wird, wird es immer ein »Er hätte/Sie hätte« und letztlich nur oberflächliche Lösungen für ein tieferes Missverständnis geben.

Der zweite Grundstein für eine tragfähige Beziehung heißt Kommunikation, und hier gilt: Viele Wege führen nach Rom. Es gibt wohl ebenso viele Bücher zum Thema Kommunikation wie Techniken und Methoden zur Verbesserung der Kommunikation. Und dennoch ist die Kommunikation zwischen zwei Menschen so individuell wie jede einzelne Beziehung.

Ich habe kein Kochrezept für gute Kommunikation, kein System, das für jeden funktioniert, bin jedoch überzeugt, dass hinter allen Methoden letztendlich die eine, einzig wichtige Frage steht: »Fühlst du dich verstanden, gehört, gesehen, (an-)erkannt?

Wenn du diese Frage mit ja beantworten kannst, herzlichen Glückwunsch!

Wenn die Antwort Nein ist wie im obigen Klientengespräch, wäre eine gute erste Frage: »Habt ihr die gleichen Vorstellungen davon, was in einer Beziehung richtig oder falsch,

zulässig oder nicht zulässig ist und was gar nicht geht?«
Mit anderen Worten: Was ist das unterliegende Problem
und wo gehen die Sichtweisen auseinander? Um bei dem
Beispiel zu bleiben: Beide Partner hatten keine böse Absicht, sie wollten den anderen mit ihrer Handlung nicht
verletzen, sie haben wahrscheinlich nicht einmal daran gedacht, dass es den anderen stören könnte, und trotzdem
fühlen sich beide unverstanden, vor den Kopf gestoßen,
verletzt. Sie fühlt sich unverstanden, stellt vielleicht sogar
die Beziehung infrage, weil sein Sich-selbst-Befriedigen für
sie einen Betrug darstellt. Er fragt sich, was in sie gefahren
ist, weil es für ihn keine große Sache ist und er vielleicht sogar das Gefühl hat, ihr einen Gefallen zu tun, indem er den
Druck rausnimmt.

Was in dieser Situation die Gräben nur noch weiter auf-
reißt, sind Gespräche wie das folgende:

»Jetzt stell dich doch nicht so an. Da kann ich ja gleich
fremdgehen, wenn du wegen so was so einen Aufriss
machst.«

»Sag doch gleich, du willst mich nicht mehr.«

»Das hat damit gar nichts zu tun, immer wenn deine Eltern da sind, existiere ich doch ohnehin nicht mehr für
dich, weil sich alles nur noch um sie dreht.«

»Ja, sie sind aber nur zweimal im Jahr da, und du kannst
dich nicht mal 48 Stunden unter Kontrolle halten.«

»48 Stunden???? Du bist zwei Tage vorher schon nicht
mehr ansprechbar, weil alles perfekt sein muss, und die
Woche danach bist du auch völlig fertig. Ich habe halt Bedürfnisse.«

»Du, du, alles muss sich um dich drehen. Und was ist
mit meinen Bedürfnissen?«

Solche Gespräche sind schon allein deshalb völlig sinnlos und kräftezehrend, weil sie nicht mehr sind als ein Ping-Pong-Spiel der Anschuldigungen und Unterstellungen und weil der eigentliche Kern des Problems darin nicht angesprochen wird. Die zentrale Frage könnte in diesem Fall beispielsweise lauten: Wo ist eure Schnittmenge, was Selbstbefriedigung und Sexualität betrifft? Das heißt, jeder bekommt Gelegenheit, seinen Standpunkt deutlich zu machen. Dann gibt es zwei Möglichkeiten. Entweder man findet eine Schnittmenge, einen gemeinsamen Standpunkt, auf den sich beide einigen können, oder das ist nicht möglich, vielleicht weil die Fronten bereits zu sehr verhärtet sind oder weil man in Anschuldigungen abrutscht und nicht beim Thema bleiben kann. Vielleicht bringt auch das Thema an sich tiefe Verletzungen oder Unsicherheiten bei beiden oder einem Partner auf den Tisch. Wenn man sich nur noch im Kreis dreht, empfehle ich, eine dritte Person hinzuzuziehen. Das kann ein guter Freund sein, ein Coach oder ein Therapeut.

Und schließlich sollte man sich rückversichern, ob der andere die gleiche Definition von dem hat, worüber man sich uneins ist. In diesem Fall ist ihre Definition offenbar: Sexualität findet nur innerhalb der Beziehung statt.

Ein anderer wichtiger Punkt ist herauszufinden, was du brauchst, damit du das Gefühl hast, verstanden zu werden. Hier gibt es unterschiedliche Gewichtungen. Die eine Person hat das Gefühl von intakter Kommunikation, wenn ihre Gefühle verstanden und nachvollzogen werden können; der nächste, wenn seine Ideen, Gedanken respektiert und geschätzt werden, wenn er Anerkennung und Lob oder Empathie und Verständnis bekommt. Finde heraus, was Kommunikation für dich ausmacht. In der Regel ist es das, was man sich am meisten (von seinem Partner oder auch in Freundschaften) wünscht beziehungsweise was man am meisten vermisst. Pass auf, dass es ein Wusch bleibt und sich nicht in eine Erwartung, Forderung oder Anschuldigung verwandelt.

Was in letzter Zeit sehr in Mode gekommen zu sein scheint, ist, dass man sich fragt: »Aber muss ich nicht ehrlich sein und ihm/ihr alles sagen?« Jemandem alles zu erzählen, kann eine sehr narzisstische Sache sein, die unter dem Deckmantel der Zweisamkeit auf Biegen und Brechen durchgezogen wird. Vielleicht macht man das auch, weil man einfach nicht weiß, wo man die Grenze ziehen soll.

Ein lieber Freund, der viele Jahre Mönch war, hat einmal einen Satz, den er als Mönch schon sehr früh gelernt hatte, an mich weitergegeben: »Manchmal ist es wichtiger freundlich zu sein als ehrlich« (Sometimes it is more important to be kind than honest).

Das heißt nicht, dass ich jemanden anlügen oder gute Miene zum bösen Spiel machen sollte. Wohl aber sollte ich genau darauf achten, ob ich etwas sage, weil *ich* es loswerden will. Habe ich in diesem Moment nur mich im Blick? Oder sage ich etwas, weil ich glaube, dass die andere Person davon profitieren kann und es der richtige Zeitpunkt dafür ist? Glaube ich, dass unsere Beziehung davon profitiert, sich dadurch vertieft, dass dadurch ein tieferes Verständnis erwächst?

Mit anderen Worten: Was ist meine Motivation? Habe ich das Wohl meines Partners im Blick? Wenn die Antwort ja ist, ist alles in Ordnung und die Basis für ein Gespräch ist gut. Wenn ich etwas nur loswerden will, damit es *mir* besser geht, sollte ich vielleicht lieber erstmal einen Brief schreiben (siehe Übung am Ende des Kapitels), den ich *nicht* abschicke, um Dampf abzulassen, einen Freund anrufen, bei dem ich mich mal fünf Minuten auskotzen kann, und dann nochmals über ein Gespräch nachdenken.

Ähnliche Werte/ähnliche Vorstellungen von der Zukunft

Sie: »Er will keine Kinder mehr. Wie kann er das sagen? Das war so nicht abgemacht.«

In der Stimme meiner Klientin liegt eine Mischung aus Entsetzen, Verzweiflung und unbändiger Wut, und dabei habe ich nur gefragt, was in der Woche seit unserem letzten Termin passiert ist. Mein letzter Stand war, dass sie die zahlreichen Einladungen zu ihrer Hochzeitsfeier verschickt hatte, die lange im Voraus und bis ins Detail geplant worden war. In dem Couple Counseling, an dem die beiden in der Woche davor teilgenommen hatten, war es um die eine oder andere Unstimmigkeit gegangen, die noch zu klären war, etwa hinsichtlich des Ehevertrags, von dem beide ganz unterschiedliche Vorstellungen hatten. Allein die Tatsache, dass er einen haben wollte, war für sie ein Zeichen von mangelndem Vertrauen gewesen. Das Thema Kinder hatte, soweit ich mich erinnern konnte, nicht auf der Liste gestanden.

»In welchem Zusammenhang wurde diese Aussage gemacht?«, frage ich nach.

Sie: »Ich habe gesagt, dass ich gern bald nach der Hochzeit schwanger werden würde. Da hat er die Bombe platzen lassen.«
Er: »Ich habe nie gesagt, dass ich definitiv noch Kinder haben will, sondern nur, dass ich mir vorstellen kann, noch Kinder zu haben. Das ist ein großer Unterschied.«

Beide hatten/haben Kinder aus jeweils einer anderen Beziehung, sie einen Sohn, der bei einem Unfall ums Leben gekommen war.

»Kannst du dich an das Gespräch erinnern, von dem ... hier gesprochen hat?«
Sie: »Ja, aber wenn der Partner einem so etwas sagt, geht man doch davon aus, dass er zumindest noch ein Kind haben will.«
Er: »Wollte ich ja auch, aber jetzt, wo wir schon ohne Kind kaum Zeit haben und in der Zeit, die wir zusammen verbringen, eher angespannt als entspannt sind ... Wir streiten uns ständig. Wir kriegen es ja noch nicht einmal hin, uns allein auf einen Ehevertrag zu einigen, wie soll das erst mit einem Kind werden?«
Sie: »Er weiß genau, wie sehr ich mir ein Kind wünsche. Er kann das leicht sagen, er hat Kinder, aber mein Sohn ...« *Sie beendet den Satz nicht.* »Ich habe keine Zeit mehr. Ich bin vierzig. Ich kann nicht warten, bis wir unsere Probleme gelöst haben. Dann kann ich kein Kind mehr bekommen. Und ich brauche auch keinen Ehevertrag. Wenn wir den nicht hätten, hätten wir auch keine Probleme.«

Ich spüre die Frustration und die Verletzung auf beiden Seiten und kann durchaus nachvollziehen, was in den beiden vor sich geht. Seine Vorgeschichte ist mir bekannt. Ich weiß, dass er mit erheb-

lichen Blessuren aus seiner letzten Ehe hervorgegangen ist. Die Scheidung hat ihn finanziell praktisch ruiniert, und er musste bei null wieder anfangen, weil er sein in fünfzehn Jahren aufgebautes geschäftliches Lebenswerk durch die Scheidung verloren hat. (Und wir sprechen hier von Millionen.) Natürlich ist dieser Verlust in keiner Weise mit dem ihren zu vergleichen. Sie hat ihr einziges Kind auf tragische Art und Weise bei einem Unfall verloren.

Je länger wir sprechen, desto deutlicher wird mir bewusst, wie tief der Graben zwischen den beiden ist, und dass sie in ihren größten Verletzungen festsitzen, vielleicht schon sehr viel länger, als ihnen bewusst ist. Im Moment sehe ich auf keiner Seite die Bereitschaft, die eigene Position zu verlassen und auch nur einen Millimeter auf den anderen zuzugehen. Und in vier Wochen soll die Hochzeit sein. Ich kann aber nicht auf dem Wasser gehen und auch sonst keine Wunder vollbringen. Also schlage ich vor, die Hochzeit zu verschieben, damit genug Zeit bleibt, um sich um die Wunden zu kümmern, die viel größer sind, als dass ein vierwöchiges Coaching sie heilen könnte.

Sie: »Aber was sollen die Gäste denken, wenn wir jetzt absagen? Wie sieht das denn aus?«

»Nicht absagen, verschieben. Ich verstehe, dass es sehr unangenehm ist, das zu tun, aber die andere Option ist, mit dem ganzen ungelösten Ballast in die Ehe zu gehen. Ihr könnt doch noch nicht einmal in meinem Beisein über diese Themen sprechen – zueinander –, ohne dass einer anfängt zu schreien, zu weinen oder den anderen zu beschuldigen. Glaubt mir, ich mache diesen Vorschlag nicht leichtfertig. Es ist das erste Mal, dass ich ein Paar frage, ob es seine Hochzeit vielleicht verschieben würde. Würde ich einen anderen Weg sehen, hätte ich es nicht einmal erwähnt.«

Manchmal gibt es kein Happy End, noch nicht einmal nach einer solchen Sitzung. Sie wollte den Hochzeitstermin auf keinen Fall verschieben, und er wollte sie nicht verlieren, obwohl er meinem Vorschlag gegenüber sehr offen gewesen war. Ich habe einige Zeit nach ihrer Hochzeit noch einmal mit ihr gesprochen. Sie hat ihm den Ehevertrag ebenso übel genommen wie die Tatsache, dass er keine Kinder mehr wollte. Er hat seine Haltung beibehalten und sie letztlich zwar nicht verloren, aber auch nicht wirklich gewonnen.

Gespräche darüber, wie sich Partner ihre gemeinsame Zukunft vorstellen, können sehr unterschiedlich verlaufen, aber die Quintessenz aller Fragen lautet: »Ist die Richtung, in die wir gehen möchten, wirklich die gleiche?« Ich erlebe sehr oft, dass Paare, die schon Jahre zusammen sind, überrascht sind zu hören, welche Vorstellungen sich der andere von der gemeinsamen Zukunft macht. Sie haben sich nie auch nur ansatzweise ausgetauscht, oft weil sie immer glaubten, es sei noch »zu früh«. »Wir sind ja gerade erst zusammen«, dachten sie und wurden vom Alltag eingeholt. Irgendwie war nie Zeit, und die Jahre, in denen sie eher gelebt wurden, als selbst zu leben, gingen ins Land.

Wenn Klienten mich fragen, wann denn ein guter Zeitpunkt sei, dieses Thema anzusprechen, lautet meine Antwort meist: »So früh wie möglich. Oder möchtest du deine Zeit (und potenziell dein Leben) mit jemandem verbringen und vielleicht erst nach Monaten oder Jahren herausfinden, dass eure Vorstellungen vom Leben nicht zusammenpassen und möglicherweise sogar absolut gegensätzlich sind?«

Für mich zum Beispiel wäre ein K.-o.-Kriterium, in einer Stadt oder in Stadtnähe wohnen zu müssen. Das ist mein ganz persönlicher Albtraum. Ich brauche die Natur um mich wie die Luft zum Atmen. Kein Partner der Welt, und sei er noch so perfekt und wunderbar, könnte das ausgleichen.

Was sind deine Kriterien für das Leben und die Zukunft?
Kinder oder keine Kinder?
Wo möchtest du leben und wo auf keinen Fall?
Wärst du bereit, ins Ausland zu ziehen?
Wie stellst du dir deine Beziehung in fünf, zehn, zwanzig Jahren vor?

Natürlich gibt es keine Garantie dafür, dass aus einer Zukunftsvision Realität wird, aber ohne sie haben wir keinen Fahrplan.

Abgesehen davon hat jeder Mensch ganz eigene Werte. Werte sind die Dinge und Ideen, denen wir große Bedeutung beimessen, mit denen wir uns identifizieren. Wir leben nicht mehr in einer Gesellschaft, die alle oder zumindest die meisten Werte einer Beziehung festlegt. Natürlich gibt es noch Werte und Normen, aber in deren Rahmen haben wir viele Freiheiten, die, wenn wir sie nicht ganz persönlich für uns und unsere Beziehung definieren, zu schwarzen Löchern mutieren können.

Die Aufgaben, die eine Beziehung hat, sind nicht mehr so klar definiert wie noch zu Zeiten meiner Großmutter. Kinder und die spätere Absicherung, sowohl die eigene im Alter als auch die finanzielle Absicherung der Kinder, sind optionaler Bestandteil einer Beziehung oder Ehe, aber längst nicht mehr gesellschaftliche Norm, was folgende Fragen aufwirft:

Worin siehst du die Aufgabe einer Beziehung?
Was sind deine wichtigsten Werte?
Welche Werte sind dir bei einem Partner wichtig?

Die Eigenschaften und Werte, die du dir von einem Partner wünschst, beschränken sich vermutlich nicht mehr auf die, welche der Versorgung und Absicherung der Familie dienen. Das wären nach traditioneller Vorstellung Eigenschaften, die einen Mann beruflich erfolgreich, und eine Frau zur idealen Hausfrau und Mutter machen. Sie wäre demnach für das Heim zuständig, er für die Welt.

Jede Beziehung braucht Grenzen, und diese Grenzen werden nicht mehr ausschließlich nach gesellschaftlich ethischen oder moralischen Grundsätzen gesetzt. Vielmehr spiegeln sie Werte und klare Vorstellungen davon wider, was eine Beziehung für dich ist.

Die absolut grenzenlose Beziehung funktioniert ebenso wenig wie die antiautoritäre Erziehung. Grenzen, die beide Partner willentlich setzen, machen es möglich, dass innerhalb dieser Grenzen Freiheit und Vertrauen und Entspanntheit herrschen können. Diese Grenzen dienen als Schutz und ohne sie ist kein Loslassen möglich.

»Die absolute Freiheit gibt es nicht. Es gibt die Freiheit, eine Wahl zu treffen und sich dann dieser Entscheidung zu verpflichten.«
Paulo Coelho in *Der Zahir*

Übung – Frei werden für wirkliche Kommunikation

Jeder kennt solche Momente: Man ist verletzt, fühlt sich vernachlässigt und nicht wahrgenommen und möchte seinem Partner, Expartner oder Freund richtig böse Dinge um die Ohren hauen ... Man kann kaum einen anderen Gedanken fassen und führt das Gespräch in Dauerschleife im eigenen Kopf. Es wird immer lebendiger und immer schlimmer, je öfter man es wiederholt.

Ein Weg aus der Dauerschleife besteht darin, sich eine halbe Stunde Zeit und vier Seiten DIN-A4-Papier zu nehmen, Telefon und Handy auszuschalten, alle E-Mail-Programme zu schließen, damit man eine Zeit lang wirklich ungestört ist. Dann schreibt man absolut ungefiltert, ohne auf Rechtschreibfehler, Zeichensetzung und sonstiges zu achten, alles runter, was man so im Kopf hat. Wichtig ist dabei, sämtliche Filter auszuschalten, alle Stimmen, die dich vielleicht ermahnen: »Aber das sagt man nicht (gedacht hast du es ja schon)! Es ist aber nicht sehr spirituell, so etwas zu denken / jemandem so etwas zu wünschen.« Du weißt, dass niemand außer dir diesen Brief jemals zu Gesicht bekommen wird. Also schreibe ohne Unterbrechung eine halbe Stunde lang oder bis alle Seiten voll sind und dein Kopf komplett leer ist. Wenn du gewisse Sätze mehrmals schreiben / wiederholen musst, bis sie aus deinem Kopf verschwinden, dann schreibe sie mehrmals. Und wenn dir ein paar Minuten lang nichts mehr einfällt, dann schreibe: »Was mache ich hier eigentlich? Das ist eine bescheuerte Übung.« Aber schreibe weiter.

Wenn alles, was in deinem Kopf war, auf dem Papier steht, atme tief durch, lass dir ein paar Minuten Zeit und vernichte den Brief! Du kannst ihn durch den Schredder laufen lassen oder verbrennen, aber tu dir den Gefallen, ihn nirgendwo herumliegen zu lassen. Verstecke ihn auch nicht, vernichte ihn einfach. Das, was darinsteht, brauchst du nicht mehr.

Dann und erst dann kannst du überlegen, einen Brief zu schreiben, den du auch abschickst, oder ein Gespräch zu führen.

Kapitel 4

Der Anfang von allem

Wenn du nicht von zwei Heiligen/erleuchteten Meistern erzogen wurdest, hast du Konditionierungen von deinen Eltern mitbekommen, die deine Fähigkeit zu lieben schwächen/einschränken.

Eins gleich vorweg: *Jeder* Mensch bringt aus seiner Kindheit/aus der Zeit seines Heranwachsens gewisse Defizite mit. Dafür können wir unsere Eltern verantwortlich machen, doch das müssten wir dann eigentlich *alle* tun, ohne jede Ausnahme, denn wir alle haben Eltern, die uns so gut aufgezogen haben, wie sie konnten mit den Defiziten, die sie selbst hatten. Allein das zeigt schon, dass dies nicht der richtige Weg sein kann. Besser ist es zu erkennen, dass diese tatsächlichen oder empfundenen Defizite integraler Bestandteil unseres irdischen Daseins sind und dass wir entscheiden können, wie wir damit umgehen.

Die Defizite sind so individuell wie die jeweiligen Personen und beschränken sich natürlich nicht nur auf die Partnerwahl und darauf, wie man in einer Beziehung agiert. Allerdings ist das ein zentraler Punkt, da sich dort die erste Beziehung widerspiegelt, die wir hatten, nämlich die zwischen uns und unseren Eltern oder Großeltern. Natürlich verbindet fast jeder seine Kindheit auch mit vielen positiven Dingen wie Geborgenheit, Sicherheit und Fürsorge. Das sind die Geschenke, die wir mitnehmen, die uns nähren und keiner Veränderung bedürfen. Mein Fokus ist ganz bewusst auf die »negativen« Aspekte gerichtet, auf das, was uns im Leben behindert.

Du wirst deine Muttersprache nie vergessen, egal wie lange du sie nicht gesprochen hast. Sie ist vielleicht ein bisschen eingerostet, aber immer noch da. Genau so wird deine kindliche Konditionierung nie ganz verschwinden. Denn wäre dies möglich, könnte man sie einfach wegtherapieren, wären alle Therapeuten erleuchtete Meister. Ich wage zu behaupten, dass dies nicht der Fall ist. Aber du kannst eine zweite Sprache lernen, eine Sprache der Liebe, nicht der Konditionierung. Es wird Übung brauchen, bis du in dieser Sprache denken, fühlen und leben kannst. Oft fallen wir in unsere Muttersprache zurück, wenn wir uns unsicher, bedroht oder verletzt fühlen. Solche Schwachstellen treten auch zutage, wenn du anfängst, die Sprache der Liebe zu sprechen, und manche erweisen sich als hartnäckiger als andere.

Annie Murphy Paul erzählt in ihrem TED-Talk über frühkindliches Lernen zwei Geschichten, die eindrucksvoll deutlich machen, dass Kinder schon vor der Geburt lernen.
Das erste Beispiel handelt vom Hunger-Winter in Holland. Im Zweiten Weltkrieg blockierten deutsche Soldaten

alle Nahrungsmittellieferungen in die Niederlande, gefolgt von einem Winter, der so kalt war, dass das Wasser in den Kanälen gefror. Die Nahrung war so knapp, dass pro Person nur etwa ein Viertel der normalen Essensration zur Verfügung stand. Im Frühling, als auch alle staatlichen Nahrungsvorräte aufgebraucht waren und Holland kurz vor einer Hungersnot stand, wurde das Land von den Alliierten befreit.

In dieser Zeit wurden 40 000 Föten ausgetragen, und die Folgen des harten Winters und der Nahrungsknappheit waren deutlich zu sehen: Es gab mehr Totgeburten, mehr untergewichtige Babys und mehr Babys mit Geburtsfehlern.

Zu den Spätfolgen gehörten Übergewicht, Diabetes und Herzkrankheiten, die bei Menschen, deren Mutter im holländischen Hunger-Winter schwanger war, weit mehr verbreitet waren als bei anderen.

Die vorgeburtliche Erfahrung hatte ihre Körper verändert. Bei Unterernährung im Mutterleib wird nämlich zuerst das Gehirn versorgt und andere Organe wie das Herz bleiben unterversorgt, was dazu führt, dass sie im späteren Leben anfälliger für Krankheiten werden. Es gibt aber noch einen anderen interessanten Aspekt: Föten bereiten sich schon im Mutterleib auf die Welt vor, die sie erwartet. Ein Problem gibt es, wenn das, worauf sie im Mutterleib vorbereitet werden, in diesem Fall eine Welt, in der Knappheit herrscht, nicht mit der Welt übereinstimmt, in der sie schon bald leben werden. Ihr Körper hat nicht gelernt, produktiv mit dem Überfluss an Nahrungsmitteln umzugehen, der in den nächsten Jahrzehnten zur Verfügung stand.

Bleiben diese vorgeburtlichen Programmierungen auf den Körper beschränkt? Eine Antwort auf diese Frage findet sich in der zweiten Geschichte:

Wissenschafter untersuchten Frauen, die schwanger waren und sich im oder in der Nähe des World Trade Center befanden, als es am 11. September 2001 angegriffen und zerstört wurde.

Bei den Babys, deren Mütter danach an einem posttraumatischen Stresssyndrom litten, fanden die Wissenschafter einen biologischen Marker, der sie besonders empfänglich für dieses Syndrom macht. Das posttraumatische Stresssyndrom ist zum einen ein Krankheitsbild/eine psychische Erkrankung, zum anderen aber auch eine nützliche Adaption, wenn man in einem gefährlichen Umfeld lebt.

Es ist noch nicht abschließend wissenschaftlich bewiesen, dass diese Adaption durch vorgeburtliche Übertragung weitergegeben werden kann, aber dennoch ist die Vorstellung, dass Mütter ihre Kinder schon im Mutterleib vor der Welt warnen, die sie draußen erwartet, sehr interessant.*

Was ist Liebe?

Als Friedrich II. von Hohenstaufen (1194–1250) die sogenannten Kaspar-Hauser-Versuche machen ließ, wollte er eigentlich herausfinden, was die ursprüngliche Sprache der Menschheit ist. Er war der Ansicht, dies müsse die Spra-

---

* Quelle: http://www.ted.com/talks/annie_murphy_paul_what_we_learn_before_we_re_born.html

che sein, die Säuglinge sprechen, wenn sie keine Sprache kennenlernen/hören. Also mussten die Pflegerinnen die Kinder stumm füttern und wickeln, ohne sie anzusprechen und auch ohne ihnen Zuneigung zu geben. Kein einziger Säugling hat dieses Experiment überlebt. Zuneigung und körperliche Nähe ist gelebte Liebe, ohne die kein Säugling überleben kann. Er braucht sie so dringend wie Nahrung, um zu überleben.

Es ist meine Beobachtung, dass wir die stärksten Emotionen und die damit verbundene Zuneigung, die jeder von uns primär von der Mutter, später auch vom Vater gespürt hat, manchmal auch von Oma und Opa oder anderen Menschen, mit denen wir die ersten Lebensjahre verbracht haben, mit Liebe assoziieren. Das heißt interessanterweise auch: Je mehr Bezugspersonen es gab, desto weniger tief haben sich die einzelnen Fehldefinitionen eingeprägt. Fehldefinitionen passieren dann, wenn wir ein anderes Gefühl als Liebe mit Liebe gleichsetzen. Eine afrikanische Frau, die in einem Stamm aufgewachsen war, erzählte einmal, wie seltsam es für sie war, als sie als Erwachsene nach Amerika kam und in Gesprächen mitbekam, wofür Eltern verantwortlich gemacht werden. Sie war mehr von ihrem Dorf, ihren Verwandten großgezogen worden als von ihren Eltern und kannte die tiefen Prägungen, die durch zwei Menschen (Eltern) entstehen können, gar nicht aus eigener Erfahrung.

In unserem Modell, in dem Kinder mehr und mehr in Klein(st)familien aufwachsen, sieht das oft anders aus. Das kann im Extremfall bedeuten, dass sich eine Mutter, die Alkoholikerin war, dann am liebevollsten zeigte, wenn sie viel getrunken hatte und dadurch ein Stück weit abwesend war. Gleichzeitig war genau das der liebevollste und sicherste Zustand für das Kind. Die Fehldefinition heißt in diesem Fall Liebe gleich latente Abwesenheit. Ohne innere Arbeit und Bewusstheit kann es passieren, dass sich dieses Kind als Erwachsener, ohne es zu wollen, Partner aussucht, die ebenfalls eine gewisse Abwesenheit an den Tag legen. Oft ist diese Abwesenheit sogar gut und logisch begründet, zum Beispiel damit, dass im Job viel los ist, aber der Hauptgrund ist wohl, dass auch die Partner sehr unterschiedliche bis gegensätzliche Teilpersönlichkeiten haben, wie sie es bei ihrer Mutter erlebt haben.

Natürlich beschränken sich diese Verknüpfungen nicht auf unser Liebesleben. Wenn Eltern dem Kind am meisten Aufmerksamkeit und Liebe gegeben haben, wenn es ums Essen ging, indem sie stets sichergestellt haben, dass es auch genug gegessen hat, wenn essen also eine viel zu wichtige Rolle spielte, dann wird das ein Kind auch nachhaltig prägen.

Eine Klientin von mir wurde geboren, kurz nachdem die Eltern ihren Sohn durch einen Unfall verloren hatten. Aus Angst, dass dies wieder passieren könnte, durfte sie nicht Fahrrad fahren, nicht auf Bäume klettern, nicht zum Turnen gehen, nie in ganz normalen Aktivitäten ihre Grenzen austesten, wie es alle Kinder tun. All das hatten ihr ihre Eltern zum einen aus alter Angst, aber auch aufgrund ihrer Definition von Liebe verboten. Sie wollten sie einfach vor allen potenziellen Gefahren schützen. In diesem Fall lautet die Fehldefinition: Liebe ist, jemanden mit allen Mitteln vor der Außenwelt zu schützen, die als lebensbedrohlich angesehen wird. Als ich sie kennenlernte, war sie seit über zwanzig Jahren mit einem Mann verheiratet, der sie über alles liebte, und dazu gehörte auch für ihn, sie in einem goldenen Käfig zu halten. Es war zwar ein sehr komfortabler und geräumiger Käfig, aber dennoch ein Käfig.

»Wie sind deine frühesten Erinnerungen an deine Mutter?«
>»Sie war eine gute Mutter.«

»Okay, schildere mir einfach mal ein paar deiner Erinnerungen, so weit zurück wie möglich.«
>»Sie war noch sehr jung, als ich geboren wurde. Sie war den ganzen Tag mit mir zu Hause, bis ich drei Jahre alt war. Dann war ich öfter bei meinen Großeltern und sie ging wieder arbeiten.«

»Hatte sie eine Ausbildung, als du auf die Welt gekommen bist?«
>»Sie war gerade mit der Schule fertig.«

»Weißt du, was ihre Träume waren, was sie werden wollte?«
>»Nein, sie hat nie darüber gesprochen. Da war auch keine Zeit dafür, sie waren ja beide (Mutter und Vater) noch so jung, das Geld war knapp. Da war nicht wirklich Zeit, um über Träume nachzudenken. Aber auch wenn ich nicht geplant war, hat meine Mutter mir immer gesagt, dass sie mich gewollt hat und sich gefreut hat, nachdem sie sich vom ersten Schock erholt hatte.«

Ich atmete innerlich ein bisschen auf, denn aus allen Parallelen, die ich erkennen konnte, war das, was sie über ihre Mutter erzählte, nicht einfach dahingesagt, sondern wirklich gefühlt. Wäre es das nicht gewesen, hätte sich durch ihr Leben, subtil oder nicht so subtil, das Thema »ich bin nicht willkommen« gezogen, das Gefühl, gutmachen zu müssen, dass man da ist, oder eine Trotzreaktion dagegen.

Ich kannte ihre Lebensgeschichte genug, um zu wissen, da gibt es wirklich keine Parallelen. Ihr Auftreten hatte nichts »Entschuldigendes«. Den Teil konnte ich innerlich abhaken.

»So wie ich dich erlebe und auch wenn ich mir deine Lebensgeschichte anschaue, glaube ich, dass sie das aus ganzem Herzen gemeint hat. Schauen wir mal weiter. Wie hast du deine Mutter erlebt? Was war das für ein Gefühl, das sie oft umgeben hat/von ihr ausging?«

»Gestresst?«

»Das heißt?«

»Na ja, sie hatte immer viel um die Ohren. Sie war schon für mich da, aber sie war immer am Machen und Tun. Sie hat nebenbei noch genäht, um ein bisschen Geld zu verdienen, und ich hatte meistens das Gefühl, sie war in Gedanken meilenweit weg.«

»Siehst du die Parallelen?«

»Nicht wirklich.«

»Das Ursprungsthema war, dass du unzufrieden und genervt warst, weil dein Partner nie wirklich abschalten kann von seiner Arbeit, seinen Projekten, dass er emotional kühl ist, auch wenn sonst ›alles in Ordnung ist‹.«

»Und du meinst, das hat etwas miteinander zu tun?«

»Sagen wir mal so, es war ja nicht so, dass er diese Schwächen nicht hatte, als du dich in ihn verliebt hast. Du hast dich nicht trotz seiner Schwächen in ihn verliebt, sondern auch gerade deswegen. Kein Mensch, auch keine Mutter, kann 24 Stunden am Tag reine Liebe geben. Sie ist gemischt mit anderen Emotionen, und die stärksten davon gehen auch in unsere Definition von Liebe ein. Später suchen wir uns, unbewusst auch nach diesen Kriterien, einen Partner, der diese Defizite ausgleicht, was nicht funktioniert, da er ja auch genau diese Defizite hat.«

»Das sind ja tolle Aussichten.«

»Der Kelch geht an niemandem vorbei, jeder hat seine Version davon.«

»Und jetzt?«

»Der erste Schritt ist, das Ganze zu verstehen und vielleicht ein bisschen Frieden damit zu schließen.«

»Für Frieden ist es noch etwas früh.« *(Sie lacht.)*

»Gut, dann stellen wir das Friedenschließen noch etwas hinten an. Kannst du dich erinnern, dass du genau die Eigenschaften, die dich jetzt tödlich nerven, zu Anfang attraktiv gefunden hast?«

»Schon.«

»Es gibt eine gute und eine schlechte Nachricht. Die schlechte ist: Jeder findet das attraktiv, was er als Kleinkind mit Liebe und Zuneigung verknüpft hat. Die Defizite, die wir erlebt haben, sind das, was uns zu jemandem, der eben diese Defizite hat/ausstrahlt, hinzieht. Das heißt, wir haben zwei Möglichkeiten: eine arrangierte Ehe ...«

(Sie lacht.)

»Da ist schon etwas Wahres dran. Würden wir unsere Freunde oder mit wem auch immer wir ein Wertesystem teilen unseren Partner aussuchen lassen (ähnlich wie es im Vorfeld einer arrangierten Ehe geschieht, für die Eltern nach ihrem Wertesystem und ihren Vorstellungen von Kompatibilität einen Partner für ihre Tochter/ ihren Sohn aussuchen), wäre die Wahrscheinlichkeit sehr gering, dass er eben diese Defizite hat. In deinem Fall würden deine Freunde hoffentlich jemanden aussuchen, der zu Hause abschalten kann und nicht ständig gestresst rumtigert und sich hinter dem Bildschirm verbarrikadiert. Aber du würdest dich nie so angezogen fühlen und wärst nicht so verliebt. Das Gefühl, verliebt zu sein, jemanden *zu kennen,* obwohl man sich gerade erst kennengelernt hat, hängt zu einem großen Teil damit zusammen, dass diese Person der ersten eigenen Definition von Liebe entspricht. In deinem Fall ist das: Liebe = Abwesenheit, emotionale Kühle und latenter Stress, gemischt mit »Ich will sie!«. *Denn ihre Mutter wollte sie ja, als sie wusste, dass sie schwanger ist.* Wir haben das Gefühl, dass uns die Person nach kurzer Zeit schon so vertraut ist, weil wir das unterliegende Gefühl kennen und sagen: Das ist Liebe! Ich bin angekommen. Ich bin zu Hause, denn es fühlt sich wie zu Hause an. Und das ist auch der Grund dafür, dass uns genau das, was wir in der ersten Verliebtheit so toll finden, nach kurzer Zeit abstößt.«

»Verliebt will ich schon sein.«

»Du und ich und die meisten denke ich. Von daher bleibt nur eine Variante. Und dies ist die gute Nachricht: Es ist nicht so, dass du der Sklave deiner erlebten Defizite/Konditionierungen sein und bleiben musst. Im Moment sind sie noch ein starker Magnet, der seinen Gegenpol anzieht und sicherstellt, dass du auch weiterhin nicht bekommst, was du in deiner Kindheit nicht bekommen hast. Man kann diesen Magneten zwar nicht ganz ausschalten, aber abschwächen. Dadurch entsteht ein Vakuum, das mit Neuem gefüllt werden kann.«

Ich habe schon immer gern Menschen beobachtet. Alle Versuche meiner Mutter, mich zum Spielen mit anderen Kindern zu animieren, wenn eine Gruppe Erwachsener zusammensaß, sind kläglich gescheitert. Ich fand es viel spannender, die Erwachsenen zu beobachten. Schon früh ist mir aufgefallen, wie ähnlich sich Väter und Schwiegerväter oft waren und wie selten sich die beiden gut verstanden.

Ich fand es immer faszinierend zu beobachten, welche Eigenschaften Menschen an anderen attraktiv finden – und zu erkennen, dass diese Eigenschaften oft nichts mit dem Partner zu tun haben, den sie wählen.

Sehr schwer ist es mir allerdings gefallen zu akzeptieren, dass wir diese frühkindlichen Konditionierungen nicht ausradieren können. Ich habe viele Seminare besucht und einige Methoden gelernt, die eben dies versprachen, aber ich habe weder bei mir noch bei anderen erlebt, dass diese Methoden wirklich funktionierten, und spätestens wenn man dann den Seminarleiter mit seiner Frau erlebte, brach das ganze Konzept zusammen.

Nachdem ich verstanden hatte, dass man Konditionierungen zwar verändern, aber nicht auslöschen kann, wurde mir mit der Zeit auch etwas anderes klar: Es gibt keine Garantie, dass wir bekommen, was wir möchten oder was die eigenen Defizite ausgleichen würde. Wir können nur genau das geben, was wir uns so sehr von anderen wünschen.

Fragen

Wenn du deine Beziehungen von der Kindheit bis in die Gegenwart Revue passieren lässt, welche Sehnsüchte blieben unerfüllt?

Was war die eine Sache, die du in der Beziehung mit deinem Vater/deiner Mutter vermisst hast?

Welche Eigenschaften deines Partners/deiner Partnerin erinnern dich an deine Eltern? *(Ich sage der Einfachheit halber »Eltern«, meine aber immer die Menschen, mit denen du in den ersten Lebensjahren primär aufgewachsen bist.)*

Nenne drei Situationen, die dich in Beziehungen am tiefsten und nachhaltigsten verletzt haben.

Übung: Ein sicherer Ort

Schließe deine Augen. Nimm ein paar tiefe Atemzüge.

Erlaube deinem Kiefer, sich zu entspannen. Atme zwei Atemzüge entspannt in deinen Kiefer. Spüre, wie alle Anspannung mit jedem Atemzug aus deinem Kiefer weicht.

Erlaube deinen Augen, sich zu entspannen. Atme zwei Atemzüge entspannt in deine Augen hinein.

Gehe so weiter durch deinen ganzen Körper, bis du jeden Körperteil mit zwei Atemzügen entspannt hast.

Sieh jetzt vor deinem inneren Auge einen Ort, vor der für dich Schönheit und Sicherheit ausstrahlt. Das kann ein Ort in der Natur sein, es kann dein Wohnzimmer sein, wo immer du dich sicher fühlst.

Lass dir Zeit, um ganz an diesem Ort anzukommen. Spüre deine Füße auf dem Boden. Atme tief ein und nimm den Geruch um dich herum wahr.

Ist es still an deinem Ort oder plätschert Wasser? Rauscht das Meer im Hintergrund? Kannst du eine leichte Brise hören? Oder ist es komplett still?

Nimm dir ein paar Minuten Zeit, um deinen Ort zu erkunden, ihn mit allen Sinnen wahrzunehmen und dich noch mehr zu entspannen.

Suche dir jetzt einen bequemen Platz, wo du dich niederlassen kannst, vielleicht auf einer Bank oder im grünen Gras.

Wenn du es dir bequem gemacht hast, lade eine weise Präsenz an diesen Ort ein. Sie gibt dir Schutz und begleitet dich durch die Übung, die du an deinem sicheren Ort machen wirst. Bei dieser Präsenz kann es sich um eine(n) Heilige(n) handeln, sie kann aber auch ganz ohne Form sein. Es kann sein, dass du eine göttliche Präsenz spürst oder einen Schutzengel oder auch jede andere Form des Göttlichen.

Was immer in deinem sicheren Platz erscheint, lass dir Zeit, dich damit vertraut zu machen. Entspanne dich in diese Präsenz.

Nimm dann in deiner eigenen Zeit für den Moment Abschied von deinem sicheren Ort – in dem Wissen, dass du jederzeit dorthin zurückkehren und Ruhe und Entspannung von dort in dein Leben im Hier und Jetzt mitbringen kannst.

Nimm ein paar tiefe Atemzüge und komme wieder ganz im Hier und Jetzt an.

Was ist Zuhause?

*»Zuhause ist dort, wo du schwach sein kannst, ohne
Spott dafür zu ernten.«*

Tabaluga

Manche Bilder vergisst man nie. Ich lag in New York auf
meinem Hotelbett und zappte durch gefühlte dreitausend
Fernsehprogramme. Plötzlich blieb ich hängen. Eine Sozialarbeiterin wird interviewt, es geht um Kindesmissbrauch
und Vernachlässigung. Sie erzählt, dass sie endlich genug
Beweise habe, um ein Kind nicht nur wie bereits geschehen
für einige Zeit aus seinem Zuhause zu entfernen, sondern
dass es endgültig sein wird, weil das Kind offensichtlich
grausam geschlagen wird und andere körperliche Gewalt
erfährt. Sie fährt in Begleitung von zwei Polizisten zu dem
Haus, in dem der Junge mit seiner Mutter wohnt. Als
Nächstes sieht man den Jungen auf dem Arm der Sozialarbeiterin. Er schreit und weint und versucht, zu seiner Mutter zurückzukommen, zu der Mutter, die auf ihm Zigaret-
ten ausgedrückt hat, und das obwohl er die Sozialarbeiterin
seit Längerem kennt.

Jeder trägt sein ganz eigenes Gefühl von Heimat in sich,
das durch Erfahrungen geprägt wird, die wir in den ersten
Lebensjahren machen. Das, was bewirkte, dass dieser Junge
zu dem zurückwollte, was er kannte, wie brutal es auch
sein mochte, ist ein Überlebensmechanismus, der bei Kindern greift, aber auch im Erwachsenenalter nicht erlischt.
Wir fallen in das zurück, was wir kennen.

»Ich habe immer das Gefühl, dass ein Damoklesschwert über mir hängt. Es ist nicht unbedingt gegen mich gerichtet, aber es ist da.«

»Was sagst du zu dem Satz ›Das Leben ist schön.‹?«

»Das ist ein dämlicher Satz. Ich muss nur den Fernseher anmachen und sehe Krieg und Vertreibung.«

»Deine Eltern waren Flüchtlinge, nicht wahr?«

»Ja, sie sind aus dem Sudetenland geflohen.«

»Kennst du das Gefühl, zu Hause zu sein?«

»Nicht wirklich. Ich habe meine eigene Wohnung, wunderschön eingerichtet, aber wenn ich Freunde sehe, die in ihren vier Wänden wirklich zu Hause sind, das kenne ich nicht. Ich hätte auch kein Problem wegzuziehen, ich kann einfach keine Wurzeln schlagen. Besitz war mir nie wichtig, viel wichtiger ist mir, dass ich mich immer weiterbilde.«

»Bildung kann man dir nicht wegnehmen, Besitz schon. Haben sich deine Eltern aus deiner Sicht in Deutschland je zu Hause gefühlt?«

»Schön war immer nur die alte Heimat. Sie haben sich hier arrangiert, aber nie Kontakte geknüpft und keine neuen Freunde gesucht, obwohl sie den größten Teil ihres Lebens in Deutschland verbracht haben.«

»Ich sag dir mal, was mein Gefühl ist. Schau mal, ob du es nachvollziehen kannst. Ihre Heimat war das Sudetenland und sie haben ihr Zuhause auf tragische Weise verloren, unwiederbringlich. Es gibt nichts mehr, noch nicht einmal Gräber. Sie hatten keine Zeit zu trauern, und in der Folge waren sie, was das ganze Thema ›Heimat‹ betraf, schwer traumatisiert. Das heißt, sie konnten dir kein Gefühl von zu Hause sein mitgeben oder vermitteln, weil sie ihr eigenes Zuhause in den Wirren des Krieges und der Flucht verloren hatten. Das Einzige, was du gespürt hast und was sie dir mitgegeben haben, ist das Gefühl, irgendwo nicht zu Hause zu sein und sich extra stark beweisen zu müssen, um dazuzugehören.«

»Das stimmt. Ich hatte bei jeder Anstellung das Gefühl, extra viel tun zu müssen, um ein Teil des Teams, der Firma zu sein. Und es fällt mir richtig schwer, loszulassen und den Job zu wechseln, weil ich immer das Gefühl habe, ich werde vertrieben, auch wenn sich, rein rational betrachtet, einfach die Strukturen geändert haben und es für mich nicht mehr passt.«

»Ja, all das gehört zusammen, genau wie das Schwert über deinem Kopf. Man könnte auch sagen, das ist das Trauma deiner Eltern, das du gespürt und übernommen hast, die Angst, dass es wieder passieren kann. Wir nehmen diese Dinge als Kinder auf, bevor wir sie überhaupt in Worte fassen können. Als Erwachsene suchen wir Worte oder Bilder, um sie beschreiben zu können. Deins ist das Damoklesschwert.«

Kein Gefühl von Zuhause (Heimat) zu haben, ist ein häufiges Phänomen in Familien mit einer Flüchtlingshistorie und setzt sich über Generationen fort.

Spulen wir für einen Moment vor in die Gegenwart. Wir kommen nach Hause. Ein Blick genügt, gemütlich sieht es nicht aus, eher als hätte eine Bombe eingeschlagen. Wir wohnen allein, es ist also kein anderer Übeltäter ausfindig zu machen. Und jetzt kommt das Spannende: die Worte, die Anschuldigungen, vielleicht bis hin zu Beschimpfungen, die in unserem Kopf losgehen, eine Sekunde nachdem wir die Wohnung betreten haben. Unsere innere Stimme ahmt das nach, was früher die Stimme unserer Eltern war. Nichts hat sich verändert, außer dass wir selbst so zu uns sprechen, denn auch das gehört zu unserem Gefühl, zu Hause zu sein. Und wenn niemand da ist, der angesichts des Chaos die Augen verdrehen kann, dann tun wir es selbst.

Die Bandbreite unseres sehr individuellen Gefühls davon, wie es zu Hause war, ist sehr individuell. Wo war ein Zuviel, wo ein Zuwenig? Selbst das erleben Geschwister oft ganz unterschiedlich. Gab es zu Hause zu viele Regeln, geregelte Abläufe oder zu wenige? Musste jeder auf Zehenspitzen gehen, wenn Papa gestresst und gereizt nach Hause kam? Durfte man sich erst ausruhen, wenn alles sauber und aufgeräumt war? Waren die Wochentage immer hektisch und die Rettung war der Sonntag? Haben deine Eltern dir vorgelebt, dass immer zu viel zu tun ist und es nicht geschafft werden kann? Gab es eine klare Abgrenzung zwischen Arbeit und Freizeit? War zu Hause eher eine Aneinanderreihung von Verpflichtungen? Oder wurde freie und kreative Zeit gewürdigt? Hatte sie einen festen Platz im Terminplan? Gab es Platz für Spaß, oder gab es Spaß nur als Belohnung? Haben sich deine Eltern darauf gefreut, zu Hause zu sein? Herrschte am Morgen Stress pur, oder hat man sich auf den neuen Tag gefreut? Diese letzte Frage habe ich kaum jemanden mit Ja beantworten hören. In den meisten Fällen lautete die Antwort: »Es war stressig und nicht nur morgens.«

Allen, die jetzt sagen: »Das ist doch normal. Weißt du, wie viel ich morgens zu tun habe, bis alle Kinder zur Tür raus sind?«, antworte ich: »Ja und nein, ich habe keine Kinder, aber manchmal hilft es, andere Kulturen zu beobachten.

Ich bin nämlich überzeugt, dass unsere Nebennieren, unser Gehirn und unser ganzer Körper nicht dafür gemacht sind, ständig mit Adrenalin vollgepumpt zu werden, besonders nicht zu Beginn des Tages. Denn wenn das auch aufgrund unserer Konditionierungen die Schiene ist, auf der wir den Tag beginnen, wird es uns viel schwerer fallen, im Laufe des Tages auf eine eher entspannte Schiene zu wechseln. Und es heißt auch, wir haben gelernt, aus Pflichtbewusstsein aufzustehen, um unsere Eltern nicht zu nerven, weil der Wecker klingelt, aber ohne tiefere Motivation. Wir wissen nicht, *warum* wir überhaupt aufstehen.

Zu den Dingen, die mich in Indien am meisten fasziniert haben, gehört die Stimmung, die morgens in den Dörfern herrschte. Da gab es kein »Ich geh mal schnell zum Bäcker, wir haben kein Brot mehr.« oder »Du hast den Bus verpasst, steig ins Auto, ich fahr dich in die Schule.«. Viele der Abkürzungen, die wir in unserer westlichen Gesellschaft morgens nehmen können, gibt es dort nicht.

Wenn ich morgens um sechs durch den Ort gelaufen bin, wurden überall die Zimmer und der Hof gekehrt, als gäbe es eine Absprache. Was ich in verschiedenen indischen Familien erlebt habe und beispielsweise auch in Thailand, war ein ruhiger fester Ablauf: eine kurze religiöse Zeremonie (Anzünden der Pujalampe, eine kleine Puja, ein Gebet), die Zubereitung des Frühstücks, viel zeitaufwendiger, als wir es kennen, oft verbunden mit einem kilometerlangen Weg zum Brunnen, um Wasser zu holen, die Kinder fertig machen, zusammen frühstücken und danach oder davor alles kehren. Es ist nicht meine Intention, hier ein überzogenes, kitschiges Bild zu malen, aber eins kann ich mit

Sicherheit sagen: Obwohl die drei Kilometer zum Wasserholen nicht abgekürzt werden konnten, obwohl kein Arbeitsschritt abgekürzt werden konnte oder vielleicht gerade deshalb, war Stress kein fester Bestandteil des Tagesbeginns. Und obwohl alles sehr arbeitsintensiv war, besonders für die Mutter und die älteren Kinder, kam keine Hektik auf. Mit anderen Worten, es ist möglich, den Tag ohne Stress zu beginnen, wir haben es nur verlernt und oft haben wir es nie gelernt.

Was hat das alles mit Beziehung zu tun? Unser gelebtes Gefühl von Zuhause ist der Boden, auf dem eine Beziehung lebt oder stirbt. Es ist das Umfeld, das wir kreieren, und wenn dieses Umfeld viel Stress beinhaltet, treten andere, tiefere Gefühle in den Hintergrund. Wir können Stress und Liebe nicht gleichzeitig spüren, denn diese Gefühle sind in völlig anderen Gehirnbereichen angesiedelt. Wenn durch Adrenalinausschüttung eine Kampf-oder-Flucht-Reaktion ausgelöst wird, sprich unser Reptilienhirn aktiv ist, schalten sich eben die Gehirnbereiche aus, die Nähe, Liebe und Verbundenheit möglich machen. Mit anderen Worten: Stress schafft keine Verbindung, sondern durchtrennt sie, zumindest temporär. Darüber hinaus suchen wir uns oft Partner aus, die ähnliche Konditionierungen haben und unsere verstärken. Wenn wir also an unserem Anteil arbeiten, verändert sich zum einen die Dynamik, zum anderen nehmen wir unseren Anteil am Ganzen zu uns zurück beziehungsweise transformieren ihn.

Fragen

Nenne fünf Dinge, die deine Eltern im Alltag am meisten gestresst haben.

Wenn du als Kind Freunde besucht hast, was ist dir dort aufgefallen, das anders war als bei dir zu Hause und das du auch gern gehabt hättest?

Was behindert und blockiert dich am meisten, wenn du für dich ein »Zuhause« schaffen willst?

Übung: Den Morgen gestalten, einen anderen Ton für den Tag anschlagen

Halte eine Woche lang nach dem Aufstehen immer die gleiche Routine ein. Das kann heißen zu lesen, zu meditieren, kreativ zu sein, in Ruhe zu frühstücken, einen Spaziergang zu machen ... was immer dich nährt, was immer dir hilft, dich auf den Tag zu freuen und gern aufzustehen.

Es heißt auch, keine E-Mails checken, Handy aus, nicht ans Telefon gehen, keine Unterbrechungen durch Dinge zulassen, die man noch erledigen muss. Damit verhindert man, dass man schon morgens in einer reaktiven Haltung ist.

Diese Übung kann in sehr kurzer Zeit eine große Veränderung bewirken. Gleichzeitig ist es die Übung, bei der ich die meisten Einwände höre: »Das kann ich nicht bringen. Du hast ja keine Ahnung, was morgens hier los.« In 99 Prozent der Fälle ist es keine unmögliche Entscheidung, eingefahrene Bahnen zu verlassen, sondern lediglich eine schwierige. Den meisten Klienten sage ich: »Mache es eine Woche. Wenn du danach keinen Unterschied spürst, lass es.« Und wenn alte Verhaltensweisen wieder durchbrechen, lautet meine erste Frage: »Wie verbringst du die erste Stunde am Morgen?«

Meist ist die Antwort: »Jaaa, ich hab's schleifen lassen.«

Wenn wir den Morgen in unseren alten Konditionierungen beginnen, wird das den Tag über im negativen Sinne zum Selbstläufer. Wenn wir auf der anderen Seite eine Morgenroutine haben, die wir vielleicht als Kind schon gern gehabt hätten, lernen wir, uns selbst gute Eltern zu sein und uns nicht anzutreiben. So formulieren wir eine neue Definition von Zuhause, die uns guttut, und nicht das weiter zu leben, was uns nicht guttut.

Was heißt es, Mann/Frau zu sein? Was heißt es, in Beziehung zu sein?

Ob es uns gefällt oder nicht, unsere Eltern sind unsere ersten Vorbilder. Und mehr noch, in den ersten Monaten und Jahren sind sie unsere Welt. Sie sind das erste »Normale«, das wir kennenlernen und aufgrund dessen wir unsere erste Definition davon formen, was es heißt, ein Mann oder eine Frau zu sein, und wie Mann und Frau in Beziehung zueinander stehen.

Dass Babys und Kleinkinder vor allem durch Nachahmung lernen, ist allgemein bekannt, doch über die Prozesse, die dabei im Gehirn ablaufen, gab es in den letzten Jahren neue Erkenntnisse. Giacome Rizzolatti, Leonardo Fogassi und Vittorio Gallese, drei Neurophysiologen von der Universität Parma in Italien, entdeckten 1996 im prämotorischen Cortex von Makkaken Zellen, die sowohl aktiv wurden, wenn der Affe eine bestimmte Handlung ausführte, als auch, wenn der Leiter des Experiments sie ausführte und der Affe ihn dabei beobachtete.

Seitdem stehen die Spiegelneuronen im Mittelpunkt des Interesses, denn offensichtlich simulieren sie Realität: Wir erleben etwas, als würden wir es selbst tun oder als würde es mit uns geschehen, auch wenn wir es nur beobachten. Das Gleiche geschieht, wenn wir sehen, wie sich jemand in den Finger schneidet. Für einen Moment haben wir das Gefühl, das Gesehene am eigenen Leib zu erleben, weil unsere Spiegelneuronen aktiviert werden. Dieses Miterleben von Schmerz ist natürlich nicht auf körperlichen Schmerz beschränkt, sondern schließt auch andere Empfindungen ein und wird als Fähigkeit zur Empathie bezeichnet. Auch die Spiegelneuronen eines Babys oder Kleinkindes werden aktiv, wenn sein Gegenüber Schmerz empfindet. Ob das bei allen menschlichen Emotionen der Fall ist, ist noch nicht ausreichend erforscht, wäre aus meiner Sicht aber naheliegend.

Und es lässt den Schluss zu, dass wir Situationen und Interaktionen schon sehr früh mit den Gefühlen verknüpfen, die wir bei unseren Eltern sehen. Es sind die ersten und somit nachhaltigsten Verknüpfungen, die wir machen.

Der springende Punkt ist, dass wir viel weniger von dem abspeichern, was verbal kommuniziert wird, zum einen, weil dieser Lernprozess beginnt, bevor wir überhaupt einer Sprache mächtig sind, und zum anderen, weil Menschen – Kinder und Erwachsene – zu etwa 90 Prozent über Mimik, Gestik und Körpersprache kommunizieren und nur zu etwa 10 Prozent verbal. Das heißt, die primäre Verknüpfung wird zum Gefühlten und Erlebten hergestellt.

»Ich verstehe mich selbst nicht. Ich brauche keinen Mann, und sobald ich einen habe, erkenne ich mich selbst nicht mehr, ich werde zur *damsel in distress*.«

»Was meinst du mit ›Ich brauche keinen Mann‹?«

»Ich habe meine eigene Karriere. Ich bin finanziell unabhängig. Ich habe meinen eigenen Freundeskreis. Ich brauche niemanden, der mich versorgt, und trotzdem fühle ich mich so abhängig von ihm.«

»Spürst du, wovon du dich genau abhängig fühlst?«

»Es fällt mir total schwer, eigene Entscheidungen zu treffen, und gleichzeitig bin ich manchmal wütend auf ihn, dass es mir so geht, seit ich ihn kenne, obwohl ich weiß, dass er nicht wirklich etwas dafür kann.«

»Kennst du dieses Verhalten von deiner Mutter?«

»Gar nicht, da habe ich gestern noch mit einer Freundin darüber gesprochen, meine Mutter war keine Hausfrau, sie hat ihre eigene Karriere gehabt, sie war selbstständig, hat ihr eigenes Geld verdient. Sie war nie abhängig.«

»Da Geld so ein zentraler Punkt zu sein scheint, wer hat es verwaltet?«

»Mein Vater, aber nur, weil sie dafür gar keine Zeit hatte.«

»Okay, jetzt kommt die Preisfrage: Hatte sie ihr eigenes Konto?«

»Nein, aber das ist ja nicht der springende Punkt.«

»Vielleicht nicht, vielleicht schon. Mein Gefühl ist, was du mir von deiner Mutter erzählst, ist das Bild, das du später gesehen hast; das Bild, das deine Mutter mochte und das du mochtest. So hat sie sich gern gesehen, aber das ist nicht das, was du als Kind gefühlt hast.«

»Wie meinst du das?«

»Du hast deine Mutter als jemanden erlebt, der im Leben stand, der ein eigenes Leben losgelöst vom Familienleben hatte. Das ist etwas, was sie sehr geschätzt und dir als Wert mitgegeben hat.«

»Auf jeden Fall.«

»Und gleichzeitig hast du trotzdem gewisse Abhängigkeiten gespürt, Abhängigkeiten, die mit dem Thema Geld oder anderen Themen zu tun hatten, und die hast du auch mit dem Bild der Partnerin verknüpft, sogar noch mehr als die selbstständigen Teile. Denn die Abhängigkeit, die du spürst, sobald du einen Mann in deinem Leben hast, ist ja stärker als deine Selbstständigkeit, und ich behaupte mal, das ist kein Zufall. Es hat etwas mit deiner tieferen Verknüpfung zum Thema »in Beziehung sein« zu tun, die das Bild der selbstständigen Frau überlagert. Es gibt ja keinen äußeren Grund oder Anlass, dich abhängig zu fühlen, sobald ein Mann in deinem Leben ist, und trotzdem ist diese Dynamik da.«

»Von der Warte aus betrachtet muss ich dir recht geben, auch wenn es mir nicht gefällt. Es gab schon gewisse Abhängigkeiten und auch Streitigkeiten deshalb.«

»Und genau das hast du bei deiner Mutter gespürt. Es waren Abhängigkeiten da, die aber gut kaschiert waren durch ihre selbstständigen Anteile oder, besser gesagt, die sie gut kaschiert hat, weil sie die Teile, in denen sie sich abhängig fühlte, auch nicht besonders mochte.«

Es ist oft am schwierigsten herauszufinden, was die eigenen Definitionen sind, wenn die Unterschiede oder Widersprüche zwischen dem, was man lebt und erlebt, und dem, was man fühlt, sehr groß sind.

Fragen

Hast du zwischen deinen Eltern erlebt, was Verbindung bedeutet? Hatten sie eher eine Wohngemeinschaft als eine Beziehung? Gab es statische Rollen, die nicht durchbrochen werden durften?

Wie hat deine Mutter dir vorgelebt, was es heißt, eine Frau/ Ehefrau zu sein?

Wie hat dein Vater dir vorgelebt, was es heißt, ein Mann/ Ehemann zu sein?

Gab es Tabuthemen?

Wenn du außer der Beziehung deiner Eltern nie eine andere Beziehung gesehen hättest, was wäre dein Bild, deine Definition von Beziehung?

Übung

Nimm dir 30 Minuten, in denen du sicher ungestört bist. Geh an deinen sicheren Ort (siehe Seite 99) und stelle dir kurz eine aktuelle Situation oder eine Situation aus deiner Kindheit vor, die deine Definition von Zuhause oder Liebe oder Beziehung spiegelt.

Stelle dir jetzt deine idealen Eltern vor. Lass dir dafür so viel Zeit, wie du brauchst. Achte darauf, dass du dir nicht nur etwas ausdenkst, sondern deine Vorstellung fühlst und mit allen Sinnen wahrnimmst. Atme dabei tief und entspannt.

Im nächsten Schritt lassen dir deine idealen Eltern das an Zuhause/Liebe/Beziehung zuteilwerden, was du dir schon immer gewünscht hast, in Worten, in Gesten und in allen Einzelheiten, bis du dich erfüllt, zufrieden und angenommen fühlst.

Komm, wenn du für den Moment alles aufgenommen und erlebt hast, in deiner eigenen Zeit wieder ins Hier und Jetzt zurück.

Was ist Sinn und Zweck meines Lebens?

Anders als bei allen oben angesprochenen Fragen, auf die jeder Mensch in den ersten Jahren seine eigenen Antworten findet, indem er seine ganz persönlichen Definitionen formuliert, wird die Antwort auf diese Frage nur von außen gegeben und setzt sich in einem Kind fest, wenn es »zweckentfremdet« oder instrumentalisiert wird. Ansonsten kann sich der Lebenssinn ungestörter entfalten, wenn ein Kind heranwächst und ihn selbst entdeckt.

»Sex ist ja auch nicht so wichtig.«

Ich konnte noch nicht ganz greifen, weshalb mit diesem Satz etwas nicht stimmte, aber ich spürte genau: Das ist nicht einfach so dahingesagt, da steht eine schwere Geschichte dahinter.

»Ich glaube, hinter dem Satz steckt einiges mehr. Das können wir uns aber für ein anderes Mal aufheben.«

Wir hatten über ihre Beziehung gesprochen, aber nur am Rande. Ein dringenderes berufliches Thema, das ihr ziemliches Kopfzerbrechen bereitete, stand im Vordergrund. Dies war in dem Moment nur ein Satz »am Rande«, der es aber in sich hatte, wie sich bald herausstellen sollte. Einige Zeit später war es so weit. Wir sprachen darüber, dass viel zu viel von ihrer Energie verpuffte, weil sie ständig versuchte, das Leben anderer Menschen, auch das ihres Partners, zu verbessern und sie zu beschützen – vor falschen Entscheidungen, vor Kollegen … Die Liste war lang, und das, wovor sie andere beschützen wollte, ging über ein normales Maß hinaus, abgesehen davon, dass zu wenig Zeit für ihr eigenes Leben, ihre eigenen Pläne und Träume übrig blieb.

»Ich habe das Gefühl, dass du glaubst, dein Lebenszweck bestehe darin, andere zu retten.«
   »Ja, aber ich kann nicht anders.«
»Was würdest du sagen war deine Rolle im Verhältnis zwischen deiner Mutter und deinem Vater?«

»Was mir als Erstes einfällt, ist, dass ich bis zur Pubertät zwischen ihnen geschlafen habe. Erst als ich nach der Schule Freundinnen besucht habe, habe ich gemerkt, dass das nicht normal ist.«

»Hattest du ein eigenes Zimmer?«

»Schon, aber meine Mutter wollte, dass ich im Ehebett schlafe. Ich kannte das nicht anders.«

»Wie hast du die Beziehung deiner Eltern in Erinnerung?«

»An der Oberfläche normal könnte man sagen, die klassische Rollenverteilung. Er hat die Brötchen verdient, sie war zu Hause, er hatte das Sagen, nichts Dramatisches. Sie haben sich nicht groß gestritten oder so ... Jetzt, wenn ich so zurückdenke, war sie nie gern mit ihm allein. Ich sollte immer dabei sein.«

»Und du warst immer dabei?«

»Fast immer, nachts immer. Manchmal hat er einen Mittagsschlaf gemacht und sie dann ins Zimmer gerufen. Ich habe mich immer gewundert, weil er dann die Tür zugemacht hat, und sie wollte nicht zu ihm. Ich kann heute noch seine Stimme hören, wenn er sie gerufen hat. Wenn ich nur daran denke, schnürt sich alles in mir zusammen. Sie hat dann versucht, einen Vorwand vorzuschieben, etwas, was sie mit mir machen muss ... Wenn ich jetzt zurückdenke, weiß ich natürlich, dass es um Sex ging, aber als Kind waren das immer die Momente, in denen ich sie nicht beschützen konnte. In allen anderen Situationen konnte ich schlichten, vermitteln, nur da nicht.«

»Man könnte sagen – auch wenn man daran denkt, dass du auf Wunsch deiner Mutter immer zwischen den beiden geschlafen hast –, dass sie dich als lebendigen Schutzschild benutzt oder gebraucht hat.«

»Stimmt.«

»Und dass die Rollen vertauscht waren. Nicht sie hat dich beschützt, sondern du sie. Wenn jemand Angst hat, mit seinem Ehemann allein in einem Zimmer zu sein, sprechen wir von einem extremen Zustand. Das heißt, du hast gespürt, dass es deine wichtigste, aus ihrer Sicht überlebenswichtige Rolle war, ein Schutzschild zu sein, nicht als Tochter, nicht als Schutzbefohlene, sondern als Retter. Sicher warst du auch Tochter und Kind für sie, aber nicht an erster Stelle. Und auch jetzt geht es dir in erster Linie darum, andere zu retten, ihnen zu helfen. Du bist in erster Linie Schutzschild und Retterin und erst danach Freundin, Partnerin usw. Dein gefühlter Lebenssinn hat sich aus der Not heraus viel zu früh geformt und aufgrund äußerer Umstände nicht natürlich in dir entwickelt.

Ein von außen auferlegter Lebenssinn kann sich auf viele Arten zum Ausdruck bringen.

Wenn eine stark depressive Mutter, die nur für ihr Kind am Leben bleibt, diesem Kind, meist ungewollt und unausgesprochen, vermittelt: »Du bist der Sinn meines Lebens«, dann wird sich diese Person später oft Partner suchen, deren Lebensinhalt oder Lebenszweck sie ist. Oder sie geht in die Rebellion und weigert sich, eine zentrale Rolle im Leben anderer zu spielen, weil sie Bindungsängste hat und fürchtet, dass sich die alte Situation wiederholen könnte. Sie hat vielleicht Angst, dass ein Partner sie erdrücken oder zu sehr einschränken könnte; Angst, ihre Mitte zu verlieren, sobald sie sich auf jemanden einlässt, und zieht gleichzeitig genau den Menschen an, den sie attraktiv und oft nach kurzer Zeit abstoßend findet, wenn er anfängt, seinen Lebenssinn in ihr zu suchen.

Ein Mädchen, das häufig Streit zwischen den Elternteilen schlichtet, wird seinen Lebenssinn darin sehen, ausgleichend zu wirken und Menschen trotz Widrigkeiten miteinander zu verbinden. Manchmal drückt sich das auch in der Berufs- und/oder Partnerwahl aus.

Manche Eltern verwirklichen ihre beruflichen oder anderweitigen Ambitionen über ihr Kind, welches dann sehr früh lernt, dass der Fokus im Außen liegen muss, und nie die Zeit oder die Möglichkeit bekommt, selbst herauszufinden, welchen Beruf es ergreifen möchte oder wo seine Berufung liegt.

In allen diesen Beispielen lernen Kinder sehr früh, dass sie einen Zweck zu erfüllen haben oder ein Loch stopfen müssen und nicht um ihrer selbst willen geliebt werden.

Und jetzt?

Ohne innere Arbeit wirst du alles, was deinen Definitionen von Liebe, Zuhause und Lebenssinn entspricht, in deinen Beziehungen immer wieder kreieren, vielleicht versteckt oder abgeschwächt und in Rebellion gewandelt, aber letztlich werden deine Definitionen dennoch dein ganzes Leben bestimmen.

Von allen Varianten ist die Rebellion, in die man vor allem in der Pubertät und in der Mittzwanziger-Phase geht, am trickreichsten, denn sie verleitet einen zu glauben, dass »ich alles ganz anders machen werde/mache als meine Eltern und auf keinen Fall so werde wie sie«. Warst du schon mal in der Situation, das von jemandem zu hören und gleichzeitig zu denken: Gott, ist der seinen Eltern ähnlich? Keine Willenskraft der Welt kann frühkindliche Prägungen auslöschen. Man kann sie lediglich unterdrücken und das Gegenteil obendraufkleben. Die Dynamik ist dann in etwa so, wie wenn man versucht, einen Ball unter Wasser zu halten: möglich, aber immer mit Anstrengung verbunden. Wenn wir davon ausgehen, dass jeder Mensch einen Kern hat, eine Seele, und über diesen Kern stülpen sich dann, beginnend in den ersten Monaten unseres Lebens, alle möglichen Definitionen (davon, wer wir sind, was normal ist etc.), dann machen wir in der Rebellion nichts anderes, als noch eine weitere Schicht draufzupappen, noch eine Definition, die dann sagt: »Ich bin ganz anders und natürlich nicht wie der und der.« Je mehr Schichten wie Pappmaché über unserem Kern kleben, desto weniger kann unser Licht, unsere Ausstrahlung, unser Charisma nach außen strahlen und desto weniger Verbindung und Kontakt haben wir zu unserem Kern. Das ist bei Babys noch nicht der Fall – ein Grund dafür, dass sie so eine magische Anziehungskraft haben.

Natürlich gibt es neben der Rebellion noch viele andere Gründe für neue Pappmaché-Kreationen, und jede neue Schicht bringt uns ein bisschen weiter weg von unserem eigentlichen Sein. Und jetzt?

Coaching und Therapie sowie die unten aufgeführten Übungen können die Schichten aufweichen, durchlässig machen und die neueren sogar ganz abkratzen. Diese Arbeit ist wie die mit echtem Pappmaché oft ein bisschen schmutzig und chaotisch. Für alle, die die Hoffnung darauf, dass sie alle Schichten abkratzen und verbrennen können, noch nicht aufgegeben haben, sei am Rande bemerkt, dass Menschen, die durch eine Amnesie sämtliche Erinnerungen an ihr gesamtes Leben verloren haben, die also ungewollt wieder ein unbeschriebenes Blatt sind, nicht automatisch glücklich sind. Oft ist genau das Gegenteil der Fall, denn wir brauchen Definitionen, um zu wissen, wer wir sind.

Dann gibt es aber noch etwas, das ich *Beyond Coaching* (»jenseits von Coaching«) nenne. Es dient dazu, den Wesenskern, die Seele, das Selbst, das Atman, welchen Begriff du auch immer nehmen möchtest, wieder durch die aufgeweichte und transparent gewordene Pappmaché-Schicht scheinen zu lassen, damit man wieder eine Anbindung hat und sich als mit allem verbunden erlebt.

Beide Ansätze sind grundverschieden. Das Heilen der eigenen Anteile, die verletzt sind, ist ein endloser Prozess, in dessen Verlauf man sich auch verrennen und regelrecht tottherapieren kann. Ich bin der Ansicht, dass man immer das angehen sollte, was einem momentan im Weg steht. Und wenn man sich durch die Verletzungen »hindurchleben« kann, wenn sie einen nicht mehr einschränken, geht es darum, den Platz, der frei geworden ist, weise zu nutzen. Wenn du dir das Bein gebrochen hast und der Heilungsprozess so weit abgeschlossen ist, dass der Gips abkommt, kann es immer noch unangenehm sein, das Bein aufzusetzen. Es braucht Zeit, um wieder Muskeln aufzubauen, aber das kann man nicht erreichen, indem man das Bein weiterhin komplett schont. Genau die Therapie, die in den ersten Wochen so unersetzlich war, nämlich die komplette Stilllegung und Heilung des Beines, würde Schaden anrichten, wenn man sie zu lange fortsetzt. Wenn das Bein wieder heil genug ist, um Gewicht zu tragen, kann und soll es auch belastet werden, auch wenn es noch etwas wehtut. Genauso schädlich ist in meinen Augen ein Zuviel des Arbeitens »an den eigenen Themen« oder »an sich selbst«, vor allem wenn das, was gecoacht und therapiert wurde, nicht aufgearbeitet und entsprechend integriert wird.

Ich habe zu viele Menschen kennengelernt, die glauben, dass sie nach zehn, manchmal zwanzig Jahren immer noch mehr Therapie, mehr Coaching, mehr ... brauchen, bis sie endlich anfangen können zu leben, zu lieben, ihr Leben ernst zu nehmen. »Ich bin noch nicht *fertig*.« Das ist eine der größten Fallen in meinem Fach, die ich kenne. Wir sind nie fertig. Die Frage ist, ob wir *fertig* genug sind, um mehr lieben und unser Leben besser leben zu können. Sobald es nicht mehr zu wehtut, ist die Zeit reif dafür. Wenn wir darauf warten, dass es angenehm wird, bevor wir wieder zu lieben beginnen, warten wir vielleicht ewig. Es ist genau wie mit dem frisch geheilten Bein. Man muss eine Zeit lang darauf gehen, bis es wieder angenehm ist, und sollte nicht warten, bis es wieder angenehm ist, bevor man wieder mit dem Gehen beginnt, denn je länger man wartet, desto unangenehmer wird es sein.

Übung: Beyond Coaching

»*Ich habe ein Paradox entdeckt: Wenn man liebt, bis es schmerzt, kann es keinen Schmerz mehr geben, nur Liebe.*«

Mutter Teresa

Du kannst nie zu hundert Prozent kontrollieren, was du bekommst, sondern nur, was du gibst. Führe dir deine Defizite noch einmal vor Augen oder schau in deine Notizen. Nehmen wir als Beispiel die Angst, verlassen zu werden. Sie zeigt sich oft schon im Kleinen, wenn man einen Partner gewählt hat, der sich gern ohne Vorwarnung oder Erklärung zurückzieht und einen »hängen lässt«, sodass man nicht weiß, woran man ist. Was würdest du dir in so einem Moment am meisten wünschen? Sicherheit, Verbindlichkeit, den Satz: »Ich werde dich nie verlassen, ich stehe zu dir.« Die Liste ist sehr individuell.

Gib deinem Partner das, was du eigentlich bekommen möchtest, so gut du kannst, von ganzem Herzen, zu hundert Prozent. Sag ihm das, was du gern hören möchtest. Verhalte dich so, wie du dir wünschen würdest, dass er sich verhält. Ja, es ist völlig normal, dass das vor allem am Anfang keine angenehme Übung ist. Sollte es gar nicht klappen, ist es noch zu früh. Dann geh bitte wieder zurück auf Start und konzentriere dich auf die anderen Übungen dieses Kapitels.

Kapitel 5

Loslassen

Die folgende Geschichte hat mir einmal jemand erzählt und ich habe sie nie vergessen: Ein Mann kommt im Himmel an. Ein Engel begrüßt ihn, führt ihn herum und zeigt ihm all die wunderbaren Dinge, die der Himmel zu bieten hat. Sie erreichen eine Häuserreihe, und als sie an einem der Häuser vorbeigehen, das faszinierend aussieht, möchte der Mann hineingehen, doch der Engel nimmt ihn bei der Hand und sagt: »Das ist der einzige Ort, den ich dir *nicht* raten würde anzuschauen.«

»Warum?«, fragt der Mann und der Engel zuckt mit den Schultern. Er scheint sich nicht sicher, was er am besten antworten soll.

»... aber ich möchte ihn sehen.« Abrupt lässt der Mann die Hand des Engels los, rennt in das Haus und schaut sich verwirrt um. Das war nicht das, was er erwartet hatte. Das Haus ist voll mit Kisten, eine über die andere gestapelt, bis unter die hohe Decke. Auf den Kisten stehen verschiedene

Namen. Der Mann macht sich auf die Suche nach der Kiste mit seinem Namen. Von oben bis unten schaut er alle Kisten durch und sein Schritt wird von Raum zu Raum immer schneller.

Schließlich findet er »seine« Kiste und prüft noch einmal, ob er sich auch nicht vertan hat. Ja, sein Name steht darauf. Er nimmt die Kiste, setzt sich damit auf den Boden, ist sich nicht ganz sicher, was er erwarten soll, aber schließlich siegt seine Neugier und langsam öffnet er die Kiste.

Schon als er den ersten vorsichtigen Blick in die Kiste wirft, füllen sich seine Augen mit Tränen, und je mehr er sieht, desto heftiger weint er, aber er kann nicht aufhören, bevor er alles gesehen hat, was in der Kiste ist. Plötzlich merkt er, dass er nicht allein ist. Der Engel ist ihm ins Haus gefolgt und steht nun still hinter ihm.

»Was ist das alles?«, schluchzt er.

»Das sind die Gaben, die Gott dir schenken wollte. Aber du hast dich ihrer nicht würdig gefühlt und sie daher nicht angenommen.«

In unserem eigenen Leben kann das unterschiedlich aussehen. Manchmal sind es Geschenke, die wir nicht angenommen haben, die wir vielleicht gar nicht als Geschenke erkannt haben. Oder wir dachten, wir hätten später mehr Zeit, sie wirklich in vollem Umfang anzunehmen – wenn das nächste Projekt abgeschlossen ist, wenn diese oder jene Arbeit getan ist, wenn die Kinder aus dem Haus sind, wenn der Stress endlich nachgelassen hat ... Doch dann mussten wir feststellen, dass es kein Später mehr geben wird.

Manchmal sind es die Geschenke, die wir geben wollten, doch unsere Gegenüber konnte sie nicht annehmen oder nur teilweise oder nur manchmal. Oder unsere Geschenke wurden ohne Wertschätzung angenommen wie ein Müsliriegel, den man zwischen Tür und Angel gedankenlos in sich reinstopft.

Oft sind es diese Geschenke, die nicht gewürdigt, nicht angenommen wurden, die einem das Loslassen so schwer machen. Da bleibt immer noch die leise Hoffnung, dass alles gut werden könnte, wenn der (Ex-)Partner die Geschenke endlich annimmt. Solange glaubt man, ausharren zu müssen, und ist nicht fähig weiterzugehen.

Es gibt die Denkweise, Sinn und Zweck von Beziehungen sei es, darin zu lernen und sich zu »entwickeln«. Das empfinde ich persönlich als eine begrenzende Ansicht, deren Auswüchse ich nur allzu oft erlebt habe: Beziehungen, die an eine 24-Stunden-Therapie erinnern; in denen Verletzungen mit »therapeutischen« Erklärungen à la »ja, er/sie hat sehr viele Blockaden« gerechtfertigt werden, und zu vieles unter dem Deckmantel der Persönlichkeitsentwicklung beschönigt wird.

»Wie war euer Wochenende?«
»Es ist viel passiert ... Er bringt alle meine Kindheitsverletzungen an die Oberfläche. Er ist so emotional abweisend, wie ich meinen Vater immer erlebt habe. Durch ihn kann ich meinen Schmerz spüren und ihm auf den Grund gehen. Er drückt alle meine Knöpfe. Er ist nicht da, wenn ich ihn brauche. Er kann nicht einmal den Arm um mich legen, wenn ich traurig

bin, denn ich erinnere ihn an seine Mutter, die ihn emotional zu sehr eingenommen hat, sodass für seine eigenen Gefühle kein Platz war. Ich bekomme dann nur noch verletzende Bemerkungen zu hören, was mich noch tiefer in meinen Prozess bringt, und er ist auch richtig tief in seinem Prozess.«

»Hm, habt ihr in letzter Zeit mal einen guten Film zusammen angeschaut?«

»Nein.«

»Seid ihr mal einfach spazieren gegangen, ohne eure Vergangenheit und Gegenwart zu analysieren?«

»Wir haben es versucht, aber es ging nicht. Wir waren sofort wieder im Prozess.«

»Jetzt, hier und heute, was hast du ihm zu geben?«

»Ich weiß nicht, ob du das meinst, aber er kommt schon viel besser an seine Themen/Emotionen heran.«

»Nein, das meine ich nicht, ich meine: Welche Geschenke kannst du ihm geben, die sein Leben bereichern, von allen ›Themen‹ abgesehen?«

»So weit sind wir noch nicht.«

»Welche Version hättest du gern, die nett verpackte oder die direkte?«

»Die direkte.«

»Sicher?«

»Ja.«

»Gut, zum einen ist es keine gute Idee, eine Beziehung als Therapie zu missbrauchen, und – nur am Rande bemerkt – niemand, der ganz richtig im Kopf ist, will mit seiner Mutter Sex haben oder mit seinem Vater. Wenn ihr euch also nicht in erster Linie als Partner sehen könnt, wird das ein Problem.«

»Es ist schon eins.«

»Okay, ich glaube nicht, dass du in ein paar Jahren zurückblicken und sagen kannst: ›Mensch, haben wir uns viel zu geben gehabt, haben wir das Leben des anderen bereichert.‹ Du wirst zurückschauen und allein die Erinnerung wird dich erschöpft machen. Jeder Mensch hat seine Themen, das ist alles in Ordnung, aber wenn ihr nicht wisst, was ihr dem anderen zu geben habt, verschwendet ihr beide eure Zeit.«

Das Beispiel mag manchem seltsam vorkommen, aber man kann die Kernpunkte auch austauschen. Es gibt Paare, bei denen es in 95 Prozent aller Gespräche und Interaktionen darum geht, was gemacht werden muss, wen man am Wochenende trifft – kurz, wie der (All-)Tag bewältigt wird. Auch das wird sich irgendwann so leer und erschöpfend anfühlen, wie wenn man eine Beziehung als endlosen Therapieprozess sieht. In meinen Augen sollte eine Beziehung mehr sein als das, nämlich auch ein Austausch von Geschenken, die das eigene Leben und das Leben des anderen bereichern.

Oft ernte ich bereits hilfloses Schweigen, wenn ich frage »Was hast du deinem Partner zu geben, was sind deine Geschenke?« oder auch »Was gibt dein Partner dir, was sind die Geschenke, die zumindest zu Beginn der Beziehung da waren?«. Dass jemand diese Fragen nicht beantworten kann, heißt nicht, dass keine Geschenke vorhanden sind, sondern eher, dass sie im Alltag verschüttet wurden, dass man sich kaum Gedanken darüber gemacht hat, dass den eigenen Geschenken oder denen des Partners keine Bedeutung beigemessen wurde.

Oft wird auch einfach an zu grandiose Geschenke gedacht, die man dann nicht finden kann, doch darum geht es nicht. Geschenke sind das, was man als solche wahrnimmt und schätzt. Das können Charakterzüge sein, Werte, die jemand hat und lebt, es kann die Ausstrahlung des anderen sein, die Leichtigkeit, mit der jemand Entscheidungen trifft, Hingabe, Ehrlichkeit und Aufrichtigkeit. Die Liste ist lang und sehr individuell.

»Ich denke, wir können uns darauf einigen, dass er nicht perfekt war, ein Schicksal, das jeder Mann teilen würde, den du triffst, genau wie du und ich. Wir sind alle nicht perfekt und werden es nie sein.«

»Das heißt, ich soll nicht an das denken, was schiefgelaufen ist?«

»Ich denke, es wäre in diesem Punkt hilfreicher, wenn sich der Fokus verschieben würde. Wir haben uns ausführlich angeschaut, was dich verletzt hat, was alles nicht perfekt war. Um nun nicht nur im Sumpf zu wühlen und auch zu schauen, was du wirklich willst und teilweise sicherlich auch von ihm bekommen hast, wäre es hilfreich zu schauen, was er dir geben konnte.«

»Ich will keinen Mann brauchen.«

»Und du glaubst, wenn du dich auf jemanden einlässt, seine Geschenke annimmst, gerätst du in eine Abhängigkeit?«

»Irgendwie schon, zumindest muss ich mir beweisen und wirklich sicher sein, dass ich niemanden brauche.«

»Und wie hat das die letzten Jahre funktioniert?«

»Ich würde sagen, recht gut. Ich finde, es gibt auch nichts dagegen einzuwenden, dass man *selfsufficient* (»sich selbst genug«) sein will.«

»Da hast du völlig Recht. Generell ist nichts dagegen einzuwenden, im Gegenteil, es ist ein wichtiger Schritt festzustellen, dass man selbstständig ist, dass man den anderen nicht braucht. Und gleichzeitig ist es ein Entwicklungsschritt, kein Endzustand. Würdest du sagen, du hast über einen längeren Zeitraum erlebt, dass du in deinem Empfinden so selbstständig bist, dass du niemanden für dein Glück brauchst?«

»Absolut.«

»Gut, dann bleibt die Frage: Warum möchtest du trotzdem einen Partner?«

»Weil es einfach schön ist.«

»Was genau?«

»Von jemand anderem etwas zu bekommen.«

»Und das geht nur, wenn du es auch zulässt.«

»Jetzt verstehe ich. Du meinst, dass ich es zulassen kann, auch wenn ich es nicht unbedingt brauche oder auch selbst könnte.«

»Genau das meine ich, denn wenn du ihm bei so einer Gelegenheit deine Selbstständigkeit unter die Nase reibst, ist das einerseits nicht sonderlich attraktiv und ermuntert den anderen andererseits auch nicht, dir das zu geben, was er dir geben möchte, weil du ihm zeigst: Das kann ich auch selbst. Um ein ganz einfaches Beispiel zu nehmen, du kannst Türen öffnen, und diese Fähigkeit wirst du auch nicht verlieren, wenn du ihn eine Tür für dich öffnen lässt. Und um den Bogen zur Ausgangsfrage zu spannen: Was waren die Geschenke, die er dir gegeben hat oder geben wollte?«

»Jetzt fällt mir natürlich das ein, wo ich ihm, bildlich gesprochen, den Türgriff aus der Hand genommen habe.«

»Dann fangen wir doch einfach damit an.«

»Es ist mir schwer gefallen, wenn er mir Sachen abnehmen wollte.«

»Was wäre das Geschenk gewesen?«

»Na, mein Leben einfacher zu machen, mir etwas abzunehmen.«
»Wenn du jetzt auf ihn schaust, nicht mit deinem alten Fokus auf
das, was er alles falsch gemacht hat, sondern mit Blick auf das Geschenk, das er dir machen wollte, wie fühlt sich das an?«
»Friedlicher.«

Viele befinden sich derzeit in einem Prozess der Transfor-
mation, auf einem Weg, für den es noch nicht wirklich viele
Landkarten gibt. Es gibt tausend Ratgeber dafür, wie man
aus der Koabhängigkeit in die Selbstständigkeit kommt.
Doch wie geht es dann weiter? *Selfsufficiency* (»sich selbst
genug sein«) ist der nächste Schritt nach einer gelebten Abhängigkeit, doch viele kommen dann an einen Punkt, wo
das Selbstständigsein allein nicht mehr sehr erfüllend ist.
Doch was ist der nächste Schritt? Ich glaube, er besteht darin zu schauen, welche Geschenke man dem anderen geben
kann, und die Geschenke des anderen anzunehmen.

Die Fallen des Loslassens

Wenn eine Beziehung zu Ende geht, beginnt irgendwann
der Prozess des Loslassens. Wir haben die Wahl, uns mutig
darauf einzulassen oder ihn verdrängen zu wollen, wenn
die Angst vor der Leere, vor dem Vakuum, das erst einmal
entsteht, zu groß ist; wenn uns allmählich klar wird, dass es
ein »letztes Mal« gab und kein »nächstes Mal« geben wird.
Die Entscheidung, die Beziehung zu beenden, war vielleicht
einvernehmlich, vielleicht ist der andere aber auch einfach

gegangen. Vielleicht war es eine weise Entscheidung, vielleicht nicht. In jedem Fall kommt der Moment, an dem man realisiert, dass man nicht mehr neben dieser Person aufwachen wird. Es wird keinen Kuss mehr geben, bevor jeder in seinen Tag startet. Das vertraute Gefühl, jemanden an seiner Seite zu haben, gehört der Vergangenheit an.

Ich glaube, dass ein Vakuum nicht lange anhält, wenn man bereit ist, es für eine gewisse Zeit da sein zu lassen. Wieder neu gefüllt werden kann es aber nur, wenn wir ihm voll und ganz erlauben, in unserem Leben zu sein.

Wir haben es oft nicht in der Hand, ob jemand aus unserem Leben scheidet oder nicht, doch wir haben die Wahl, wie wir damit umgehen. Jedes Loslassen, jede Trennung kann uns härter machen oder weicher, offener oder verschlossener, kann uns die Möglichkeit geben, das nächste Mal tiefer zu lieben oder die Mauern um unser Herz höher zu ziehen. Das ist eine Entscheidung, die jeder selbst trifft.

Eine der am meisten zermürbenden Fragen in diesem Prozess des Loslassens und der Erkenntnis, dass zumindest dieser Adressat einen Teil unserer Geschenke nicht entgegengenommen hat, ist die Frage nach dem Warum. Warum hat er sie nicht angenommen? Weil seine Mutter zu dominant war? Weil er nie gelernt hat, dass Dinge ohne Hintergedanken geschenkt werden können?

Das mag alles sein, doch solche Gedanken bringen keine (Er-)Lösung, denn zum einen ist es meiner Erfahrung nach der sichere Tod einer Beziehung, wenn man zum Therapeuten des anderen mutiert. Und auch wenn die Beziehung zu Ende ist, bringt eine Analyse der Persönlichkeitsstruktur des Ex-(was auch immer) keinen Frieden oder wenn, dann nur auf der intellektuellen Ebene.

Ich sage meinen Klienten: Er/Sie hat es nicht gemacht, weil er/sie es nicht konnte oder nicht wollte (welches von beiden zutrifft, ist völlig unmaßgeblich). Er/sie hat es nicht getan. Punkt. Natürlich kann man sich mit der Analyse des anderen wunderbar von seinem eigenen Schmerz ablenken, was völlig menschlich ist, aber es wird weder etwas an der Situation ändern noch an deinem Schmerz und deiner Enttäuschung. Abgesehen davon birgt es auch eine gewisse Gefahr. Ich nehme mal ein anderes Beispiel, um dies zu verdeutlichen.

Ich spreche mit einem Klienten über alte Verletzungen, doch egal von welcher Ecke ich die Sache angehe, höre ich seine hobbytherapeutischen Erklärungen: »Ja, mein Vater hat mich geschlagen, aber er konnte nicht anders. Er hat nie gelernt, über seine Gefühle zu sprechen. Er ist auch so diszipliniert worden.«

Das mag alles stimmen, aber der Teil von dir, der in diesen Situationen verletzt wurde, ist vier Jahre alt und du gehst hoffentlich nicht zu einem vier Jahre alten Kind und gibst ihm solche Erklärungen. Die würden das Kind auch gar nicht interessieren. Dieses Kind ist der immer noch verletzte Teil in dir und braucht das, was das vierjährige Kind damals gebraucht hätte, nämlich Schutz und Heilung und keine Erklärung.

Auch der Teil von dir, der in der Beziehung verletzt wurde, braucht Schutz und Heilung – und das braucht Zeit. Anschließend könnte man darüber nachdenken, was den anderen wohl dazu bewogen hat, so zu handeln, wie er es getan hat. Spannenderweise ist dies dann meist nicht mehr von Interesse, und das ist auch gut so.

»Ich glaube, er konnte mich einfach nicht mehr lieben, mir nicht wirklich vertrauen. Sein Vater hat die Familie sehr früh verlassen und ist zu einer anderen Frau gezogen. Da war er noch keine zwei Monate alt. Die Affäre fing wahrscheinlich schon an, als seine Mutter mit ihm schwanger war. Er hatte kein gutes männliches Vorbild.«

Das kann gut sein, aber durch diese Erklärungen lösen sich deine Verletzungen nicht in Luft auf, und sie werden ihn auch nicht über Nacht ändern. Genauer gesagt: Du kannst all das nicht ändern.«

»Das weiß ich, man kann niemanden ändern, aber vielleicht könnte ich ihm zeigen, dass er mir vertrauen kann?«

»Merkst du, dass du dir gerade in einem Satz selbst widersprochen hast?«

»Schon, aber gibt es da keine Möglichkeit, er muss es doch sehen können?«

»Gegenfrage: Wie oft hast du genau das versucht und wie erfolgreich warst du?«

»Na ja, wie du weißt nicht sehr erfolgreich, aber ich kann nicht einfach aufgeben.«

»Selbst wenn du es ändern könntest, würdest du einen Jungen bekommen, keinen Mann.«

»Heißt das, ich kann wirklich nichts machen?«

»Die kurze Antwort darauf ist: Nein, er ist der Einzige, der es

ändern könnte. Und auch dann braucht so eine Veränderung einiges an Zeit. Nehmen wir mal an, er würde sich ändern, aus eigenem Antrieb. Selbst in diesem Fall würde es Jahre brauchen, bis sich das Neue gefestigt hat, da seine (alten) Verhaltensweisen tief gehen und er sie schon lange in sich trägt. Die viel interessantere Frage ist aber: Warum hältst du daran fest, ihn ändern zu wollen und zu können, obwohl dir die Erfahrung gezeigt hat, dass du a) nicht erfolgreich bist, b) leidest und c) ihn nicht so willst, wie er nun einmal ist, im Guten wie im Bösen? Wenn Pferde das erste Mal eingekoppelt werden, laufen sie einmal an den Elektrozaun, bekommen einen Schlag, sind außer sich vor Panik und machen das im Regelfall nie wieder. Im Gegensatz dazu holen sich Menschen wieder und wieder einen Schlag, obwohl uns unser überlegener Verstand eigentlich sagen sollte, dass es wieder wehtun wird. Kennst du Einsteins Definition von Wahnsinn?«

»Nein.«

»Immer wieder das Gleiche zu tun und andere Ergebnisse zu erwarten.«

»Das hört sich alles so einfach an, aber ich kann nicht anders.«

»Kannst du nicht oder willst du nicht?«

»Ich mache es ja nicht absichtlich.«

»Ich würde sagen, du machst es vielleicht nicht bewusst. Oft behalten wir bestimmte Verhaltensweisen bei, denn würden wir sie ändern, hätten wir anfänglich das Gefühl, dass alles umsonst war, dass wir unsere Zeit vergeudet haben, dass es kein Zurück mehr gibt. Und um all das nicht anschauen zu müssen, bleiben wir bei unserem alten Muster und versuchen lieber, den anderen zu verändern.«

»Da ist was dran, aber wäre es nicht auch vertane Zeit, wenn ich jetzt gehen würde und nichts hätte sich verändert?«

133

»Wäre es nicht mehr vergeudete Zeit, wenn du das in zwei Jahren herausfinden und dann erst deine Konsequenzen ziehen würdest? Und wir sprechen hier erst mal nur davon, ihn nicht zu analysieren und verändern zu wollen und zu schauen, was dann passiert. Außerdem glaube ich, dass Zeit nur dann vertan ist, wenn wir am selben Punkt stehen bleiben.«

Oft vergeuden wir die meiste Zeit, weil wir denken, die bereits investierte Zeit sei vertan, wenn man jetzt »aufgeben« würde. Es wäre jedoch besser, sich einzugestehen, dass der andere sich nicht nach unseren Vorstellungen formen lässt. Der erste Fehler ist meist, dass man sich in das Potenzial des anderen verliebt, in all das, was jemand sein *könnte*. Man sieht dieses Potenzial schon durchschimmern oder spürt einfach, was noch alles in dieser Person steckt. Man glaubt, mit ein bisschen Hilfe unsererseits könnte dieses Potenzial Realität werden. Und dann passiert genau das nicht!

Mein Rat ist immer: Schau, dass du die Person so, wie sie vor dir steht – alles Potenzial außen vor – wirklich an deiner Seite haben willst, denn genau das, was du hier und jetzt vor dir hast, ist das Einzige, was du sicher bekommen wirst. Ja, es ist wunderbar, das Potenzial in jemandem zu bestärken, an ihn zu glauben, auch in Zeiten, in denen er/sie selbst es nicht tut und vielleicht auch nicht kann. Aber es ist nur dann wunderbar und führt nur dann dazu, dass man plötzlich aus einem Traum unsanft erwacht, wenn man mit dem, was man zu Anfang vor sich sieht, absolut zufrieden ist. In dem Fall ist es nämlich völlig unabhängig von der Vorstellung, ob sich das entfaltet, was man in dieser Person sieht.

All diesen Fallen liegt meist die Tatsache zugrunde, dass wir selbst noch nicht gelernt haben, unsere Geschenke zu würdigen. Warum sonst würden wir versuchen, sie jemandem anzudrehen, der sie offensichtlich nicht will, nicht annehmen kann, kurz, sie nicht zu schätzen weiß? Wir haben irgendwann gezeigt bekommen und geglaubt, dass das, was wir zu geben haben, keinen oder zumindest keinen großen Wert hat.

»Meinst du, ich kann es ihr zeigen?«
»Schau, stellen wir uns mal vor, du möchtest jemanden einen Diamanten schenken, legst ihn auf den Tisch und sagst: für dich! Der/die andere schaut den Stein an und sagt: Na ja, der glitzert aber arg und ganz hart ist er auch, weich wäre mir eigentlich lieber. Ich weiß nicht ... Ne, ich glaube, der gefällt mir nicht. Farbig wäre mir lieber gewesen und weich, also weich muss er sein.«

Er lacht.

»Du weißt, worauf ich hinaus will?«
»Ich glaube schon, aber erzähl weiter.«
»Du bist dieser Diamant und als Diamant bist du nun mal hart und glitzerst und bist nicht farbig. *Das ist so.* Und wie die meisten Diamanten bist du nicht perfekt. Es gibt kleinere Einschlüsse, vielleicht ein oder zwei schwarze Punkte. Ein Diamant hat andere Geschenke zu geben als eine Packung Gummibärchen. Die sind farbig und weich und süß, denn schmecken tust du wahrscheinlich auch nach nichts.
Der erste wichtige Punkt wäre zu erkennen, dass ein Diamant einen Wert hat. Ich glaube, niemand würde auf die Idee kommen,

jemandem gegen dessen Willen einen Diamanten zu geben, schon weil er einen gewissen Wert hat. Und diesen Wert hast du in dir noch nicht voll erkannt. Der zweite Punkt ist, dass man Frauen, die lieber Gummibärchen hätten, keinen Diamanten andrehen sollte. Und außerdem sollte man aufhören zu versuchen, aus dem Diamanten ein Gummibärchen zu machen.«

»Ich verstehe schon, was du sagen willst, aber so einfach ist das nicht. Wir kennen uns ja noch nicht so lange, erst seit zwei Monaten, das kann sich ja alles noch ändern.«

»Ändern sicherlich, die Frage ist nur, ob zum Besseren. Und noch eine Frage wäre: Aus welchem Grund sollte es sich ändern? Meiner Erfahrung nach ist die Anfangszeit oft die einfachste Zeit, und das aus gutem Grund. Man schaut durch eine rosarote Brille, ist in seinem Urteil dem anderen gegenüber sehr gnädig, ist sehr verliebt, wie immer du es nennen willst. Der Körper versorgt einen mit einer geradezu lächerlich großen Menge an Dopamin und Oxytocin. Und trotz allem hörst du dich nicht wirklich glücklich an. Die Frage, die ich mir stelle, lautet: Warum hältst du an jemandem fest, der nicht wertschätzt, was du zu geben hast?«

Übung 1: Geschenke bewusst machen

Zeichne auf ein Blatt Papier oder in dein Tagebuch eine Tabelle mit sechs Spalten.

- Die Erste bekommt die Überschrift: »Was ich von xy bekommen habe«,
- die Zweite: »Was ich xy gegeben habe«,
- die Dritte: »Was xy mir gegeben hat«,

- die Vierte: »Was xy von mir angenommen hat«,
- die Fünfte: »Geschenke, die xy nicht angenommen hat«
- und die Sechste: »Geschenke, die ich nicht gegeben habe.«

Übung 2: Geschenke zurücknehmen

Lies dir deine Liste noch einmal durch.

Nimm dir Zeit dafür und achte darauf, dass du ungestört bist, dass Telefon und Handy aus sind und du dich ganz auf dich konzentrieren kannst.

Geh an deinen sicheren Ort (siehe dazu die Übung »Ein sicherer Ort« in Kapitel 4, S. 99).

Stell dir dein Gegenüber mit all seinen Stärken und Schwächen vor.

Lass die schönen Momente vor deinem inneren Auge vorbeiziehen ...

... und die, in denen du verletzt wurdest.

Betrachte die Geschenke, die er/sie dir gegeben hat. Atme sie tief in dich ein. Spüre, dass sie dich und dein Leben bereichert haben, dass du sie annehmen darfst, dass sie Teil deiner selbst geworden sind, auch wenn die Person nicht mehr Teil deines Lebens ist.

Betrachtete die Geschenke, die du ihm/ihr gegeben hast und die er/sie annehmen konnte. Atme tief und entspannt weiter.

Richte deine Aufmerksamkeit jetzt auf die Geschenke, die du nicht annehmen konntest. Schau oder spüre, wo diese Geschenke jetzt sind, und gib sie innerlich wieder frei und an ihn/sie zurück, wenn du kannst. Bedanke dich für seinen/ihren Versuch, dir diese Geschenke zukommen zu lassen.

Richte deine Aufmerksamkeit jetzt auf die Geschenke, die du nicht geben konntest, vielleicht weil du es nicht gewagt hast oder weil sie zurückgewiesen wurden. Vielleicht warst du dir auch nicht sicher, ob sie überhaupt einen Wert haben.

Schau, wo diese Geschenke liegen. Manche liegen vielleicht noch mehr bei ihm/ihr als bei dir, vielleicht sind sie auch überall verstreut. Wo immer sie auch sind, sammle all deine Geschenke wieder ein und nimm sie bewusst zurück.

Betrachte all deine Geschenke in Ruhe. Vielleicht haben manche Risse bekommen, sind verstaubt oder haben ihren Glanz verloren. Vielleicht haben sie Macken, weil du sie aus Frustration in die Ecke geschmissen hast.

Spüre alle deine Gefühle, sei es Wut oder Trauer. Lass alles, was in dir hochsteigt, einfach da und Teil des Ganzen sein, so gut du kannst.

Du siehst jetzt eine Schatzkiste, die vor dir steht, um mit allen deinen Geschenken gefüllt zu werden, mit denen, die zurückgewiesen und mit denen, die angenommen wurden.

Bevor du die Geschenke in die Schatztruhe packst, kannst du sie reinigen und den Staub abpusten. Wenn du möchtest, kannst du sie auch einer göttlichen Präsenz (wer immer das für dich ist) geben, damit sie Heilung erfahren und wieder ganz werden.

Manche Geschenke bleiben vielleicht noch etwas länger bei der göttlichen Präsenz, um wieder heil zu werden. Alle anderen Geschenke legst du behutsam und mit Achtung in deine Schatztruhe, nachdem du jedes Einzelne noch einmal in Händen gehalten und deine Wertschätzung darüber gespürt hast, so etwas dein Eigen zu nennen und es geben zu können.

Während du eines nach dem anderen in deine Schatzkiste legst, spürst du eine immer größer werdende innere Sicherheit, dass du diese Geschenke in Zukunft mit mehr Umsicht und größerer Achtsamkeit verteilen wirst.

Verweile, nachdem du alle Geschenke sicher in der Schatzkiste verstaut hast, noch ein bisschen an deinem Ort und lass alles, was geschehen ist, auf dich wirken.

Kehre in deiner eigenen Zeit ins Hier und jetzt zurück.

Kapitel 6

Besondere Verbindungen

Man ist bei Bekannten eingeladen. Der Tisch ist gedeckt, die Gastgeber sind freundlich, aber irgendwie kann man sich des Eindrucks nicht erwehren, dass sich die beiden gerade in den Haaren hatten, dies aber unter den Teppich gekehrt haben, um die Gäste empfangen zu können. Nichts Handfestes weist auf einen Streit hin, aber er hängt noch in der Luft.

Eine Klientin erzählte mir folgende Geschichte: Sie war am Abend eines ganz normalen Tages ohne besondere Vorkommnisse zu Hause, hatte etwas gegessen und las ein Buch, als sie plötzlich ein Gefühl von Panik überkam, das sie überhaupt nicht zuordnen konnte. Nichts hatte sich verändert, sie konnte dieses Gefühl an nichts festmachen, aber sie konnte auch nicht weiterlesen oder irgendwas anderes tun. Also lief sie aufgelöst im Zimmer auf und ab, ohne einen klaren Gedanken fassen zu können, und ging alle möglichen

Szenarien in ihrem Kopf durch: Ist jemandem etwas passiert? Habe ich etwas Wichtiges vergessen? ... Während sie überlegte, wen sie um diese Uhrzeit noch anrufen konnte, schoss ihr der Gedanke durch den Kopf: »Er geht fremd.« In dem Moment wurde alles wieder ruhig. Sie war zwar unendlich traurig und schockiert, aber nicht mehr panisch. Sofort versuchte sie, ihren damaligen Freund zu erreichen, was ihr aber erst viel später gelang. Und als sie ihn erreicht hatte, fragte sie ihn auf den Kopf zu: »Bist du heute Abend fremdgegangen?« Das war nicht die Frage, mit der er mitten in der Nacht gerechnet hatte, und er beantwortete sie, so überrumpelt, mit einem klaren Ja.

Man hat das Gefühl, dass jemand an einen denkt, oder man selbst denkt ganz plötzlich an eine Person. Da klingelt das Telefon, besagte Person ist dran und sagt: »Ich wollte mich einfach mal melden.«

Ich rufe meinen Hundesitter an, um zu sagen, dass ich in 20 Minuten da bin, doch bevor ich dazukomme, sagt sie: »Die Hunde liegen an der Haustür, du kommst sicher gleich, oder?«

Wie immer man es nennen möchte, Intuition oder siebter Sinn, wir alle kennen dieses Gefühl und haben es, manche mehr, manche weniger. Ich kann nicht erklären, wie so etwas zustande kommt, ich weiß nur, dass wir zu bestimmten Zeiten ganz genau spüren, wie es jemandem geht, auch wenn die Person im Zimmer nebenan oder sogar Hunderte bis Tausende Kilometer weg ist. Und wir spüren es primär im Zusammenhang mit Menschen und Tieren, zu denen wir eine enge (Ver-)Bindung haben oder hatten. Doch was passiert mit dieser Verbindung, wenn eine Beziehung zu Ende geht, wenn sich eine Freundschaft auseinandergelebt hat, wenn wir keinen Kontakt mehr haben oder nur sporadischen, oberflächlichen?

Löst sich diese Verbindung dann automatisch mit auf? In vielen Fällen nicht. Häufig komme ich in der Coachingarbeit mit Klienten an einen Punkt, wo ich merke, dass loslassen gar nicht mehr das Problem ist, dann nämlich, wenn er oder sie immer wieder ohne besonderen Anlass an eine bestimmte Person denkt, von ihr träumt oder ihren Namen im Kopf hat. Dann sagen diese Klienten oft: »Du kannst mich jetzt für verrückt halten«, gefolgt von Sätzen wie: »Ich weiß nicht, warum«, »Es ist schon so lange her«, »Es macht keinen Sinn«, »Ich will wirklich nichts mehr von ihm/ihr«, »Ich weiß nicht, warum ich von der Person nicht loskomme oder immer noch an sie denke.«

Wenn sie merken, dass da irgendetwas Unbeschreibliches ist, das immer noch verbindet, neigen manche dazu, die Trennung im Außen umso klarer und härter zu vollziehen. Sie ziehen extra weit weg, wollen keinen Kontakt mehr, sehen nur noch die »schlechten« Seiten der betreffenden Person, versuchen alles Menschenmögliche, um die Beziehung hinter sich zu lassen, und merken irgendwann, dass sie ihn/sie irgendwie mitgenommen haben. Die Verbindung ist immer noch da. Manche schaffen es, sie auszublenden, was aber nicht heißt, dass die Verbindung unterbrochen ist. Man hat sich vielmehr einfach von dem Teil in sich selbst abgetrennt, der in Verbindung mit der anderen Person ist. Das heißt, die Verbindung ist immer noch da, aber man spürt sie nicht mehr.

»Ich will nichts mehr von ihm, wirklich, aber er ist ständig in meinem Kopf. Ich merke, wenn er an mich denkt. Gestern hat er angerufen, und alle guten Vorsätze waren dahin. Ich weiß nicht, was mit mir los ist.«

»Würdest du sagen, du bist nicht du selbst, wenn du mit ihm telefonierst?«

»Ja, ich bin wie ferngesteuert. Ich habe aufgelegt und hätte mir selbst den Hals umdrehen können. Nachdem ich aufgelegt hatte, fiel mir alles wieder ein, was ich ihm eigentlich hätte sagen sollen. Nichts, gar nichts davon ist mir vorher eingefallen.«

»Hast du dich noch selbst gespürt, als du am Telefon warst?«

»Ne, wenn ich jetzt darüber nachdenke, aber ich habe gespürt, wie es ihm geht.«

»Aber nicht, was du willst und eigentlich sagen wolltest.«

»Ich wollte eigentlich gar nicht mit ihm sprechen, es bringt ja nichts. Ich habe es verstanden. Ich kenne mich selbst nicht mehr. Du weißt, ich bin eigentlich nicht auf den Mund gefallen.«

»Und trotzdem hast du mit ihm telefoniert und dabei nur gespürt, wie es ihm geht?«

»Du hältst mich an dem Punkt bestimmt für völlig bescheuert.«

»Das war gar nicht als Vorwurf, sondern als Zusammenfassung gedacht.«

»Ach so, aber es ist doch bescheuert.«

»Es gibt, denke ich, eine Erklärung dafür.«

»Ja?«

»Als ihr viel Zeit miteinander verbracht habt, würdest du sagen, ihr hattet eine tiefe und innige Verbindung?«

»Absolut.«

»Wo ist die Verbindung hin?«

143

»Du kannst Fragen stellen. Ich weiß es nicht, ich will keine Verbindung mehr, aber es macht mich wahnsinnig. Seit ich mit ihm gesprochen habe, ist es noch schlimmer, ich kriege ihn nicht aus meinem Kopf.«

»Und ich sage, es gibt eine Erklärung dafür. Die Verbindung auf einer gewissen Ebene ist noch da.«

»Meinst du?«

»Hast du eine andere Erklärung?«

»Ich bin nicht mehr ganz richtig im Kopf.«

»Lass uns meine Theorie versuchen, und wenn es nicht klappt, widmen wir uns deiner, okay?«

»Okay ... wenn ich darüber nachdenke, gefällt mir deine auch besser.«

»Das ist doch ein Anfang ...«

»Und du meinst, aufgrund dieser Verbindung, die noch da ist, denke ich an ihn, weil er an mich denkt?«

»Die Verbindung ist aus der Zeit, in der ihr innig verbunden wart, erst mal da wie eine Straße, die in beide Richtungen geht. Das heißt, du spürst ihn oder denkst generell an ihn und noch mehr, wenn er an dich denkt.«

»Ich habe schon überlegt, wie ich mehr Abstand bekomme. Ich darf einfach nicht mehr abnehmen oder seine SMS lesen.«

»Das ist ein guter Vorsatz, aber zum einen hattest du ihn sicherlich schon gestern und zum anderen wird sich die Verbindung nicht dadurch in Luft auflösen, dass ihr keinen Kontakt habt.«

»Nein?«

»Ich würde nicht darauf wetten.«

»Und jetzt?

»Gebe ich dir eine Übung, mit der du die Verbindung durchtrennen kannst.« *(Übung siehe Seite 155f.)* **»Fragen?«**

»Durchtrenne ich damit alles, was uns verbindet? Ich weiß nicht, ob ich das will oder kann.«

»Du durchtrennst damit nur Verbindungen, die nicht auf Liebe basieren. Alle anderen Verbindungen bleiben bestehen. Ich gebe diese Übung Klienten aus allen möglichen Gründen, beispielsweise um sich besser von den Eltern zu lösen. Ich gebe sie auch Paaren, wenn ich das Gefühl habe, dass sich über die Jahre viele ungute Verbindungen und Gewohnheiten bei ihnen eingeschlichen haben oder wenn ein Partner sich nicht mehr selbst spürt, sondern nur noch den anderen und seine Bedürfnisse. Das heißt nicht, dass sie sich dann trennen. Sie lassen einfach nur Altes hinter sich und kommen dadurch oft wieder näher zueinander.«

»Okay, ich bin gespannt, was passiert.«

Es gibt Verbindungen, die einem nicht guttun, was aber nicht heißt, dass die andere Person ein schlechter Mensch ist oder man den Kontakt zu ihr abbrechen sollte. Das kann, muss aber nicht der Fall sein. Andere, auf Liebe basierende Verbindungen mit eben dieser Person können durchaus gut für einen sein.

Ein Indikator dafür, dass einem eine Verbindung nicht guttut, ist, dass man sich darin selbst nicht mehr spürt und seine eigenen Bedürfnisse nicht mehr wahrnimmt. Man hat nur noch die Bedürfnisse der anderen Person im Blick und ist ganz darauf fixiert, sie zu erfüllen. Jeder kennt das Gefühl, das man hat, wenn man einen spannenden Film anschaut. Man fühlt sich im Film. Man nimmt nicht mehr wahr, dass man auf dem Sofa sitzt. Man fiebert mit den Charakteren mit. Etwa so ist es, wenn man nur noch eine andere Person spürt, stets genau merkt, was sie braucht, alle ihre Bedürfnisse zu erfüllen versucht. Dann fällt einem erst viel später, sei es nach einem Tag oder nach Jahren, auf, dass die eigenen Bedürfnisse auf der Strecke geblieben sind.

Abgesehen vom Cutting (siehe Seite 155f.) gibt es eine gute Übung, eine Trockenübung sozusagen, mit der man den Fokus wieder auf sich selbst lenken kann, sobald man sich zu verlieren droht. Wenn man einen Film schaut oder fernsieht, macht man sich einfach bewusst, wie und wo man sitzt, und nimmt so den eigenen Körper wieder wahr. Die gleiche Technik kann man einsetzen, wenn man es mit einem »einnehmenden« Gegenüber zu tun hat. Wenn man damit anfängt, ist es normal, dass die Konzentration auf den eigenen Körper oft nur Sekunden oder Minuten anhält. Sie ist wie ein Muskel, den man trainieren muss – und das braucht Zeit.

Wenn wir im Übermaß versuchen, die Bedürfnisse anderer zu erfüllen, dann bedeutet das nicht in jedem Fall, dass die andere Person das forciert hat oder will. Das kann, muss aber nicht sein. Möglich ist auch, dass wir früh gelernt haben, die Bedürfnisse anderer für wichtiger zu halten als unsere eigenen. Vielleicht haben wir gelernt, dass unser Lebenssinn, unsere Lebensberechtigung darin besteht, die Bedürfnisse anderer zu erfüllen (siehe Kapitel 4). Vielleicht haben wir die Rolle der Frau oder des Mannes in einer Beziehung so erlebt, dass sie/er dafür da ist, die Bedürfnisse anderer zu erfüllen. Und schließlich haben wir vielleicht gelernt, dass wir die meiste Anerkennung und Aufmerksamkeit bekommen, wenn wir die Bedürfnisse anderer erfüllen. Wie auch immer, es ist uns und auch unserem Partner oder Expartner nicht dienlich, dies weiter fortzusetzen. Es geht nicht um Schuldzuweisung, sondern um eine Möglichkeit, wieder bei sich selbst anzukommen.

Ein weiterer Indikator für eine ungute Verbindung ist das Gefühl, dass man nicht mehr man selbst ist. Es kann ein ganz diffuses Gefühl sein – »da stimmt etwas nicht« – oder ein alarmierendes – »ich erkenne mich selbst nicht mehr« – und viele Grautöne dazwischen. Ein anderes Anzeichen ist, dass man die betreffende Person gedanklich nicht mehr loswird. Man ist mental so mit ihr beschäftigt, dass man keinen klaren Gedanken fassen kann. Man träumt sogar von ihr, und das manchmal noch viele Jahre, nachdem man eigentlich nichts mehr mit ihr zu tun hatte. Von Klienten höre ich oft erst sehr spät oder erst, wenn ich es anspreche, dass jemand sie nicht loslässt. Warum? Oft wissen sie gar nicht, wie sie es in Worte fassen sollen, oder sie sagen sich, dass es nicht von Bedeutung ist, weil ihnen die Person als solche nicht mehr wichtig ist, weil sie es als Versagen sehen, weil sie glauben, nicht loslassen zu können und der Expartner deshalb noch in ihrem Kopf herumspukt.

Es gibt eine Übung (*Cutting*, siehe Seite 155f.), die schon sehr lange zu meinem Repertoire gehört, aber erst nach einiger Zeit habe ich gemerkt, welche Kraft wirklich in ihr steckt. Die Technik stammt ursprünglich von Phillis Krystal *(Die inneren Fesseln sprengen)*, die enorme Erfolge damit hatte und hat. Ich habe die Übung so, wie ich sie von ihr kenne, einige Jahre lang an Klienten weitergegeben und sie dann Stück für Stück abgewandelt, bis sie für mich gepasst hat.

Als ich in Indien lebte, kam eines Tages ein Ehepaar auf mich zu und bat mich, seinen Sohn anzuschauen. Sie hatten schon diverse Psychologen und Psychiater durch, wollten dem Sohn aber keine Psychopharmaka geben, und eine andere Möglichkeit war ihnen nicht angeboten worden. Der Sohn war sechzehn Jahre alt, eher schüchtern und auf den ersten Blick unauffällig. In sich gekehrt saß er auf einem Metallklappstuhl, der schon bessere Zeiten gesehen hatte, in der kleinen Pension, die ihr momentanes Zuhause war. Die Eltern hatten mir bei unserem ersten Gespräch erzählt, dass ihr Sohn aus heiterem Himmel Anfälle bekomme. Seine Arme fingen dann an zu zittern, aber kein Arzt hatte bisher einen körperlichen Grund dafür gefunden. Sie tippten auf ADHS. Als Nächstes, so erzählten sie mir, bekomme er gewalttätige Gedanken. Er werde nicht gewalttätig gegen andere, aber manchmal gegen sich selbst.

Als ich mit dem Jungen allein war, dachte ich mir, dass er nicht gerade wie ein Paradebeispiel für ADHS aussah, und ich bat ihn, mir mit seinen Worten zu erzählen, was in diesen Situationen passiert war. Es war ihm sichtlich peinlich und unangenehm. Man merkte, dass er die Geschichte schon viele Male erzählt und anschließend nie mehr als abstruse Vorschläge und Vermutungen gehört hatte. Er leierte seinen Bericht völlig emotionslos in einer Tonlage herunter und schaute dabei mit hängenden Schultern auf den Boden. Als er fertig war, schaute er mir das erste Mal kurz in die Augen. Ich sah seine Angst und die stumme Frage, was ich wohl von ihm denke und ob ich ihn vielleicht für verrückt halte.

Ich fragte ihn: »Ist das jemals passiert, als du allein warst?«

Er schaute mich verwundert an: »Nein.«

»Erzähl mir mal von ein paar Situationen, in denen es passiert ist.«

Er überlegte kurz, schaute mich wieder für einen Moment an, und ich hatte das Gefühl, er glaubte allmählich, dass ich ihn ernst nahm. In der Schule war es öfters passiert, dass seine Arme gezittert haben. Er hatte keine Kontrolle darüber. Wenn sie einkaufen waren, bei Verwandten. Es machte ihm Angst, er hatte keine Kontrolle darüber ...

Ob er sich an irgendwas Ungewöhnliches erinnert, was in diesen Momenten um in herum passiert war?

Er schüttelte den Kopf und legte die Stirn in Falten, als wollte er sagen: Ich bin keine große Hilfe, oder?

»Lass uns eine Sache versuchen, ich habe eine Idee.« Er schaute mich skeptisch an, und ich überlegte, ob ich ihm nur die Übung gebe oder auch eine Erklärung dazu. Ich beschloß, mit offenen Karten zu spielen. »Ich glaube, ich weiß, woran es liegt. Aber ich warne dich, es hört sich etwas seltsam an. Könnte es sein, dass du sehr sensibel für gewalttätige Gedanken und Gefühle um dich herum bist, dass du sie wie ein Schwamm aufsaugst und dein Körper dann mit Zittern reagiert? Ist es möglich, dass du die Gedanken denkst, die eigentlich Menschen um dich herum denken?«

Einen Moment lang war ich mir nicht sicher, ob er glaubt, in mir die Person getroffen zu haben, die noch verrückter ist als er selbst. Er überlegte. Skepsis und dann Erleichterung spiegelten sich in seinem Gesicht. Er nahm zum ersten Mal entspannt Blickkontakt auf. »Du meinst, das sind nicht meine Gedanken?«

»Ich glaube nicht, es werden deine, aber ursprünglich sind sie es nicht.« Ich erklärte ihm die Übung, und während ich sprach, holte er sich einen Zettel und schrieb mit. Ich hoffte inständig, dass ich richtig lag, und sagte zu ihm: »Melde dich bitte nach ein paar Tagen und mach die Übung, auch wenn du nicht weißt, wer dein Gegenüber ist. Sobald du merkst, dass deine Arme anfangen zu zittern, machst du die Übung. Stell dir vor, dass du eine Silhouette vor dir hast. Sie steht für wen auch immer in deiner Umgebung, der diese Gedanken hat.«

Ein paar Tage später ging ich die staubige Hauptstraße entlang und sah aus dem Augenwinkel, wie mir seine Eltern auf der gegenüberliegenden Seite hektisch zuwinkten. Ich blieb stehen. Sie huschten zwischen dem Chaos, das sich indischer Straßenverkehr nennt, zu mir herüber.

»Sie erraten nicht, was passiert ist.«

»Sagen Sie es mir.«

»Es hat hervorragend funktioniert. Jedes Mal, wenn er anfängt zu zittern, macht er die Übung – und das Zittern hört auf. Es kommt gar nicht dazu, dass er aggressive und gewalttätige Gedanken hat. Aber gestern Abend, als wir in einem Restaurant essen waren, zitterten seine Arme plötzlich von einer Sekunde auf die andere ganz heftig. So schlimm ist es, seit wir in Indien sind, noch nie gewesen. Er schloss die Augen, um die Übung zu machen. In dem Moment hörte das Zittern wie aus dem Nichts auf und am Nachbartisch begann eine Prügelei. Es war surreal. Ich hatte nicht einmal mitbekommen, dass sich unsere Nachbarn gestritten hatten, sie waren nicht laut oder irgendwas. Die Prügelei fing einfach an und wir waren immerhin in einem Ashram. Mein Gott, ist das nicht erstaunlich?«

Ihr Mann, der meinem Ansatz gegenüber bis dahin skeptisch gewesen war, nickte zustimmend und sagte: »Sie hätten es sehen müssen, um es zu glauben.«

»Oh, ich glaube es. Ich bin so froh für sie alle. Wie geht es Ihrem Sohn?«

»Sie müssen uns heute Nachmittag besuchen, dann können Sie sich selbst davon überzeugen. Es war genau das, was er gebraucht hat. Er musste es mit eigenen Augen sehen. Er war ja schon glücklich, dass er das Ganze einigermaßen unter Kontrolle hatte, aber es hatte noch nicht wirklich *klick* gemacht. Das ist seit gestern Abend ganz anders. Er ist allmählich wieder ganz der Alte, macht Witze und ist so, wie ein Sechzehnjähriger sein sollte.«

Auch wenn dies eine extreme Geschichte ist, und die meisten von uns ungute Verbindungen nie in dieser Heftigkeit erleben werden, zeigt sie, in welchem Ausmaß manche Menschen zum Schwamm für die Gedanken und Gefühle anderer werden. Mittlerweile bezeichnet man Menschen wie den oben beschriebenen Jungen als Hochsensible (HSP), und es gibt einige gute Bücher zu diesem Thema.

Eine besondere Feinfühligkeit (die Fähigkeit, Gedanken und Gefühle anderer wie ein Schwamm aufzusaugen) beruht nach meiner Beobachtung zum einen auf Prägung (man hat in der Kindheit bewusst oder unbewusst gelernt, dass es Vorteile hat und das Leben einfacher macht, so zu sein) oder einfach darauf, dass manche Menschen mit einer »dünneren« Haut auf die Welt gekommen sind als andere. Cutting ist in jedem Fall hilfreich, egal ob das eigene Fell

151

dick oder das Häutchen ganz dünn ist. Jeder geht Verbindungen ein, die irgendwann nicht mehr angemessen sind, und je dünner die Haut, desto schneller geht man solche Verbindungen ein und desto häufiger kommt das Cutting zum Einsatz.

»Es war eine sehr interessante Woche. Ich habe das Cutting jeden Morgen gemacht – und wenn ich zwischendurch an ihn gedacht habe noch einmal extra. Manchmal habe ich es vor dem Schlafengehen noch einmal gemacht. Ich habe danach viel tiefer und entspannter geschlafen. Trotzdem musste ich mich am ersten Tag ein wenig dazu zwingen, *überwinden* ist vielleicht das bessere Wort.«

»Weil?«

»Weil ich Angst hatte, dass ich damit alle Verbindungen kaputt mache. Weil ich mir nicht sicher war, ob ich es richtig mache. Ich konnte ihn manchmal nicht wirklich klar vor mir sehen.«

»Das ist egal. Solange du weißt, mit wem du das Cutting machst, reicht das. Manche sehen die Person, manche spüren sie eher, manche sehen eine Silhouette und wissen: Das ist eine bestimmte Person. Das funktioniert alles.«

»Das habe ich dann auch gemerkt. Ich hatte ziemlich schnell den Abstand, den ich mir die ganze Zeit schon gewünscht hatte. Was komisch war, sobald ich diesen Abstand hatte, hat sich X *(zu dem sie auf Abstand gehen wollte)* dreimal am Tag bei mir gemeldet. Hätte er das vor zwei Monaten gemacht … Lassen wir das …«

»Du hast gerade zwei wichtige Punkte angesprochen.«

»Ja?«

»Ja, du hast es gerade intuitiv richtig gemacht. Du hast angefangen mit ›Hätte er das vor zwei Monaten gemacht ...‹ und den Gedankengang selbst unterbrochen.«

»Stimmt, es bringt ja nichts.«

»Das ist noch aus einem anderen Grund wichtig. Es macht natürlich keinen Sinn, ein Cutting zu machen und den Freiraum, der dadurch entsteht, mit Fantasien zu füllen, die sich nicht erfüllen werden. Mit anderen Worten: Man muss den Abstand, den einem das Cutting gibt, auch aushalten können. Mit *hätte, würde, wäre* und indem man sich innerlich wieder mit der Person beschäftigt, baut man die Verbindungen, die man kurz vorher durchtrennt hat, natürlich wieder auf.«

»Es ist gar nicht so einfach, den Abstand auszuhalten, wenn er sich auf einmal ständig wieder meldet. Deswegen war ich am Anfang auch unsicher, ob es funktioniert hat, weil er sich wieder so präsent gemacht hat.«

»Das ist eher ein Zeichen dafür, dass es richtig gut funktioniert. Wenn ich Klienten diese Übung mitgebe, meldet sich die betreffende Person in, ich würde sagen, 90 Prozent aller Fälle, innerhalb der ersten Woche. Das ist erstmal nichts Ungewöhnliches, aber es passiert auch bei Personen, mit denen sie seit Jahren keinen Kontakt mehr hatten; bei Personen, die sich vielleicht einmal im Jahr melden, und bei solchen, die den Kontakt von sich aus abgebrochen haben. Meine Erklärung dafür ist: Auch wenn es keinen Kontakt gab oder kaum Kontakt wie bei dir, habt ihr durch die Verbindung, die noch da ist, auf einer gewissen Ebene trotzdem ständig Kontakt gehabt, was du ja auch deutlich gespürt hast. Wenn genau das wegfällt, spürt der andere, meist ohne zu wissen warum, den Drang, sich zu melden und auf andere Weise eine Verbindung zu schaffen – nicht immer, aber oft.«

»Ich muss dich noch etwas fragen.«

»Gern.«

»Du weißt ja, meine Gedanken ihm gegenüber waren nicht gerade wohlwollend. Das hat sich in den letzten zwei Tagen geändert. Am Anfang, als ich das Cutting gemacht habe, war ich einfach froh, wieder mehr ich selbst zu sein, aber in den letzten Tagen habe ich ... ich weiß gar nicht, wie ich es sagen soll, warme, liebevolle Gedanken für ihn.«

»Und die Frage ist?«

»Warum?«

»Vielleicht weil du wieder mehr du selbst bist.«

»Du meinst, das ist der Grund?«

»Es ist sicher einer der Gründe. Stell dir vor, in der Zeit seit ihr getrennt wart, wäre er dir auf Schritt und Tritt gefolgt, hätte bei dir in der Wohnung übernachtet, wäre 24 Stunden um dich gewesen. Da wärst du ihm gegenüber auch nicht wohlwollend gewesen, oder?«

»Sicherlich nicht.«

»Und auch wenn ihr physisch großen Abstand hattet, ist auf eine andere Art und Weise genau das passiert. Seit einer Woche hast du wirklich Abstand zwischen euch geschaffen, und schon siehst du ihn in einem anderen Licht. Was übrigens verdammt schnell ist.«

»Ich verstehe, aber es ändert nichts.«

»Du meinst, dass er sich nicht binden will?«

»Ja.«

»Nein, daran ändert es nichts, es ist kein Zaubertrank.«

»Es war fast einfacher, das zu akzeptieren, solange ich ihn rundherum unausstehlich fand. Nicht dass ich den Zustand der letzten Wochen zurückhaben möchte. Mir geht es besser so, aber es ist schon ein Wermutstropfen.«

»Und das gehört auch zu einer Trennung dazu. Ich nehme ja mal stark an, dass du dir niemanden ausgesucht hast, der nur negative

Züge hat. Und jetzt, wo die Trennung durch das Cutting umfassender vollzogen ist, vermisst du ihn natürlich, besonders seine guten Seiten. Das gehört zur Trauer dazu.

Übung: Cutting

Cutting ist eine mächtige Unterstützung, wenn es darum geht, alte oder belastende Verbindungen zu lösen und/oder in Verbindungen zu verwandeln, die neutral und für die Zukunft offen sind.

Verbindungen, die auf Liebe basieren, sind nicht trennbar!

Gönne dir für diese Übung/Meditation Ruhe und Zeit. Viele Klienten machen sie vor dem Schlafengehen oder gleich nach dem Aufwachen. Du solltest am Anfang etwa 30 Minuten dafür einplanen. Wenn man die Übung schon mehrmals gemacht hat, braucht man oft weniger Zeit dafür.

Die Chakren

Die Energieverbindungen werden an den Chakren getrennt, weil sie auch von dort ausgehen. Jedes einzelne Chakra hat ein bestimmtes Thema und ist für bestimmte Stärken und Schwächen verantwortlich, je nachdem, ob die Energie in dem Chakra frei fließen kann oder blockiert ist.

Chakra	Name	Thema	Stärken/Fähigkeiten	Schwächen
1	Wurzel-chakra	Funda-ment	Selbstbewusstsein lebenspraktische Fähigkeiten die Fähigkeit, sich in der Welt zu Hause zu fühlen (gute Erdung)	verloren in der Welt kein Vertrauen in das Leben Grundbedürfnisse (schlafen, essen, trinken) werden missachtet
2	Sakral-chakra	Wachs-tum	die Fähigkeit, Krea-tivität und Sexualität zum Ausdruck zu bringen	die Unfähigkeit, Gefühle zu äußern und kreativ zu sein
3	Solar-plexus-chakra	Macht/Kraft	Durchsetzungs-vermögen Entscheidungskraft	Unentschlossenheit, das Gefühl, von der eigenen Kraft abge-schnitten zu sein, oder: die Neigung, über andere hinweg zu entscheiden Herrschsucht
4	Herz-chakra	Fließ-fähig-keit	die Fähigkeit zu lieben, Mitgefühl zu empfinden	emotionale Kälte und Leere überfürsorglich erdrückend
5	Hals-chakra	Kom-muni-kation	die Fähigkeit, über die eigenen Gedanken und Gefühle zu sprechen	die Unfähigkeit, das, was man fühlt und denkt, in Worte zu fassen die Neigung, viel zu sagen, ohne das Wesentliche zum Ausdruck zu bringen
6	Stirn-chakra	Betrach-tung	die Fähigkeit, sich mit allem verbunden zu fühlen	das Gefühl, von allem/vielen abge-schnitten zu sein

Das siebte Chakra ist nicht Teil der Übung, weil es unsere Verbindung zum Göttlichen ist.

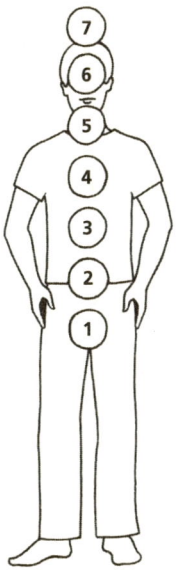

Ablauf der Übung

Mache dich vor Beginn der Übung mit der Lage der einzelnen Chakren vertraut oder lege die obige Abbildung neben dich.

Stelle dir den Menschen vor, von dem du dich energetisch lösen möchtest. Vielleicht steht er dir direkt gegenüber, vielleicht etwas schräg gegenüber.

Visualisiere oder spüre die Verbindungen zwischen euren Chakren. Wie in der Abbildung können sich die einzelnen Verbindungen sehr unterschiedlich anfühlen und aussehen. Manche sind federleicht wie eine dünne Schnur und

kaum spürbar. Andere sind schwer wie eine Kette oder ver-
hakt, als würden sich Widerhaken an den Enden befinden.
Egal was du siehst oder spürst, vertraue deinen inneren Bil-
dern und Gefühlen.

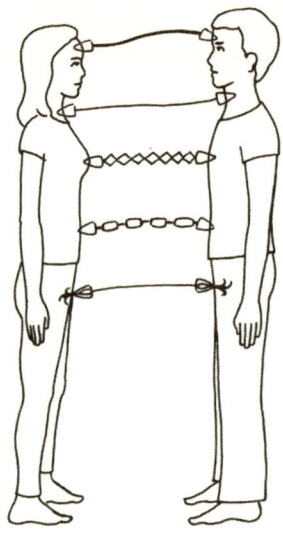

Widme dich nun der Verbindung zwischen den beiden ersten Chakren, denn das ist die erste Verbindung, die getrennt wird. Die Trennung erfolgt in drei Schritten:

1. Schritt

Spüre die Verbindung zwischen den beiden ersten Chakren. Nimm ein Werkzeug, das die Verbindung adäquat durchtrennen kann. Wenn sie sich wie eine Kette anfühlt, nimmst du beispielsweise eine Zange oder einen Seitenschneider, für eine dünne Verbindung beispielsweise eine Schere oder ein Schwert. Schneide die Verbindung dann mit diesem Werkzeug vor deinen inneren Augen *möglichst nah bei dir* durch.

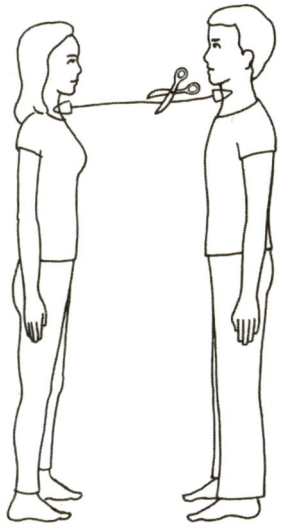

2. Schritt

Spüre oder schau zu, wie *beide* Enden der Verbindung, die du durchtrennt hast, zu Staub zerfallen. (Eine Klientin, die sich damit etwas schwertat, ließ aus dem Staub Blumen wachsen, um deutlich zu machen, dass aus der Trennung Gutes erwachsen soll.)

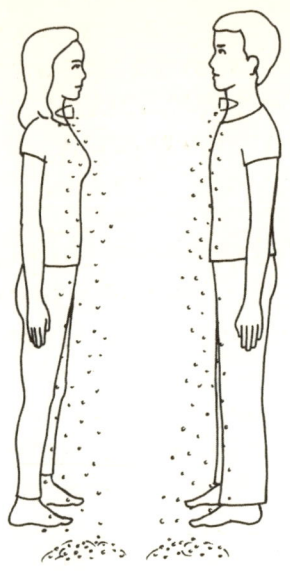

3. Schritt

Spüre nun die Hand Gottes oder eines Engels oder Heiligen (je nachdem, wem du vertraust) und stelle dir vor, wie diese Hand in dein erstes Chakra greift – und zwar *nur in deines, nicht in das deines Gegenübers* – und alles herausnimmt, das nicht zu dir gehört und/oder nicht zu deinem höchsten Wohl ist. Lass dir speziell bei diesem Schritt viel Zeit, bis die göttliche Hand ihre Arbeit getan hat.

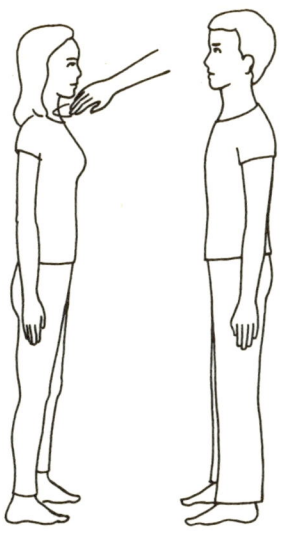

Gehe nun mit deiner Aufmerksamkeit ein Stück nach oben und spüre die Verbindung zwischen den beiden zweiten Chakren. Wiederhole die drei Schritte und arbeite dich so von Chakra zu Chakra nach oben. Beende immer alle drei Schritte, bevor du zum nächsten Chakra übergehst. Nach dem dritten Schritt im sechsten Chakra ist die Arbeit vollendet. Wende dich nun erneut dem vierten Chakra zu und wiederhole die drei Schritte dort, im Herzchakra ein zweites Mal.

Stelle dir danach vor, wie die Person, die dir gegenübersteht, immer kleiner wird, bis sie im Licht verschwindet.

Lass die Übung noch ein paar Minuten nachwirken, bevor du wieder zum Tagesgeschehen übergehst.

Wenn die Beziehung, die dich mit deinem Gegenüber verbindet oder verbunden hat, eine längere und/oder tiefere ist/war, solltest du die Übung nach Möglichkeit ein- bis zweimal täglich wiederholen, und zwar über einen Zeitraum von zwei Wochen. Mache die Übung in der dritten Woche noch etwa alle zwei Tage und lass sie dann langsam auslaufen.

Ein Freund, der mit einem kanadischen Indianer (*first nation people*) zusammenarbeitet, hat mir erzählt, dass first nation people sämtliche Verbindungen zu allen Menschen, die sie kennen, einmal im Jahr durchtrennen. Dies geschieht ohne Ausnahme und betrifft auch den eigenen Partner, die eigenen Kinder, Freunde und Bekannten. Man lässt damit das Alte gehen, um Platz für Neues zu schaffen, nicht weil man eine Person loswerden möchte, sondern um eingefahrene Verhaltensweisen zu durchbrechen und der Beziehung die Möglichkeit zu geben, sich freier zu entfalten. Alle Systeme werden auf null gefahren, damit man sich wieder ohne alle Bindungen spüren und dann ganz frisch in Beziehungen gehen kann.

Diese Übung ist auch der erste Schritt, um wieder ganz bei sich anzukommen, die eigenen Gefühle erneut zu spüren und wieder klar zwischen dem Ich und dem Du zu trennen. Denn erst das macht es uns möglich, wahres Mitgefühl zu empfinden, statt mit anderen mitzuleiden. Letzteres passiert sehr leicht, wenn wir stark mit einer Person verbandelt sind, wenn sich die Verbindungen über Jahre aufgebaut und wir uns vielleicht auch mit ihrer Leidensgeschichte identifiziert haben. Das Cutting macht es uns oft erst möglich, genug Abstand zu gewinnen, um den Sprung vom Mitleid zum Mitgefühl zu schaffen.

Kapitel 7

Mitgefühl

Mitgefühl ist eine der wichtigsten Tugenden, vielleicht sogar die wichtigste, denn sie kann Grenzen niederreißen und uns bewusst machen, dass wir nicht getrennt voneinander existieren. Für viele ist Mitgefühl aber nur ein vager Begriff, der irgendetwas mit christlicher Nächstenliebe zu tun hat und den sich bestimmte Organisationen auf die Fahnen schreiben, der in ihrem eigenen Leben aber nicht als zentraler Wert *gelebt* wird. Mitgefühl kann, wie andere Werte auch, nur bestehen und gelebt werden, wenn wir es kultivieren. Doch meistens tun wir genau das Gegenteil, indem wir auf Fehler und Unvollkommenheiten eher mit Härte und Verurteilung reagieren als mit Mitgefühl, sowohl anderen als auch uns selbst gegenüber.

Natürlich ist es noch schwieriger, Mitgefühl uns selbst gegenüber zu empfinden, wenn wir uns in einer Trennungsphase befinden, wenn wir nicht mehr so gut »funktionieren«, weniger belastbar sind, nicht mehr der Sonnenschein, die Schulter zum Ausweinen oder das Partygirl sind und vielleicht sogar das Gefühl haben, im Moment nichts geben zu können. Dann neigt man oft dazu, mit der Peitsche hinter sich selbst zu stehen und sich zu sagen: »Ich muss wieder normal werden.«

»Mitgefühl, das kenne ich, wenn überhaupt, noch aus dem Sonntagsgottesdienst.«

»Heißt, wenn ich dir sage, zeige dir selbst gegenüber etwas Mitgefühl...«

»... habe ich nicht die geringste Ahnung, wie ich das überhaupt machen soll. Ich bin in so einem schwarzen Loch, alles, was ich spüre, alles ist so hoffnungslos.«

»Versuchen wir es mal mit einem Beispiel. Du hast die Grippe und dein Schädel pocht, du hast hohes Fieber und kannst dich kaum aus dem Bett schleppen, kurz es geht dir richtig mies. Trotzdem bist du nicht die Grippe, sondern du hast eine Grippe. Vielleicht fühlt es sich an, als würde es nie vorübergehen, aber du weißt, dass es in ein paar Tagen wieder besser sein wird. Genauso verhält es sich mit dem schwarzen Loch. Vielleicht fühlt es sich im Moment so an, als wärst du das schwarze Loch, aber das wird vorübergehen.«

»Im Moment fühlt es sich noch so an, als würde es nie vorübergehen, als würde ich nie über sie hinwegkommen.«

»Okay, und welche Gedanken gehen dir noch im Kopf herum, wenn du das fühlst?«

»Dass es mir schon besser gehen sollte, dass ich unfähig bin, mich für etwas Neues zu öffnen, dass ich niemanden mehr finde, dass ich mich nicht so verkriechen sollte.«

»Um bei meinem Beispiel zu bleiben. Das ist so, als würdest du jemandem, der mit Grippe im Bett liegt, sagen: Du solltest kein

Fieber mehr haben, die Gliederschmerzen sollten auch schon längst weg sein. Du machst das alles falsch. Nicht sehr hilfreich, oder?«

»Nicht wirklich.«

»Mitgefühl mit jemandem zu haben, der krank im Bett liegt, würde heißen, seinen Schmerz zu spüren, aber auch zu spüren, dass dieser Schmerz vorbeigehen wird, auch wenn derjenige selbst das in dem Moment nicht spüren kann. Wenn deine Krankheit im Moment das schwarze Loch wäre, wie würde Mitgefühl dann aussehen? Würde es dir jemand anders geben?«

»Hm ... mir sagen, dass es besser wird? Dass ich jemanden finden werde.«

»Ja, das geht schon in die richtige Richtung. Welchen Menschen würde er sehen? Welche Qualitäten hätte er?«

»Puh ... ich kann mich da gerade nicht mal hindenken ...«

»Er würde sehen, dass du nicht das schwarze Loch bist; dass du jemand bist, der sehr tief lieben kann, denn nur dann geht der Verlust so tief. Er würde jemanden sehen, der eine außergewöhnliche Fähigkeit zu lieben hat; jemanden, der trauert; jemanden, der nach der Trauer gestärkt »auferstehen« kann; jemand, der die verschiedenen Gesichter der Liebe gesehen und durchlebt hat.«

»Das wäre ich gern.«

»Und ich hoffe, du hast Menschen, Freunde um dich herum, die dir genau das – wahres Mitgefühl – zukommen lassen. Was wir hier machen können, ist zu lernen, was es heißt, Mitgefühl dir selbst gegenüber zu empfinden.

Noch einmal zusammengefasst, weil ich weiß, dass man in schwarzen Löchern alles wie durch Watte hört: Mitgefühl dir selbst gegenüber bedeutet aufzuhören, dich selbst verbal zu schlagen und zu beschimpfen und mit einem weichen Blick auf dich zu schauen. Und wenn du das, was ich gerade angesprochen habe, im Moment noch nicht selbst sehen kannst, dann erinnere dich an meine Worte.«

»Das schaffe ich, ich habe nur Angst, dass es nie aufhört, wenn ich nicht dagegen ankämpfe.«

»Die Theorie hat sich ja so weit nicht bewahrheitet, denn hätte sie funktioniert, hätte ich einen fröhlichen Menschen am Telefon.«

»Es ist nicht wirklich logisch, ich weiß, und trotzdem habe ich Angst, dass wenn ich nicht gegen dieses Tief ankämpfe, es mich ganz auffrisst.«

»Wenn du den Teil, der im Moment schmerzt (der übrigens derselbe Teil ist, der tief geliebt hat), nicht von dir abtrennen willst, wirst du den Schmerz fühlen müssen, früher oder später. Im Moment bist du der Schmerz. Mitgefühl mit dir zu haben bedeutet, durch den Schmerz hindurchzufühlen, was jenseits davon liegt, und wenn das noch nicht geht, dich zumindest an mitfühlende Worte zu erinnern.«

»Ich werde es versuchen.«

Mitgefühl hat zwei Aspekte, die untrennbar miteinander verbunden sind: Mitgefühl sich selbst gegenüber und Mitgefühl anderen Menschen, anderen Lebewesen gegenüber. Vermeintliches Mitgefühl, das wir nur anderen gegenüber empfinden, ist in Wahrheit eine Flucht vor sich selbst und seinem eigenen Leben. Vermeintliches Mitgefühl, das wir nur uns selbst gegenüber empfinden, artet leicht in ein Sich-Gehen-Lassen aus. Wahres Mitgefühl kann nur entstehen, wenn wir beide Aspekte leben.

Mitgefühl anderen gegenüber

Im Zusammenhang mit Mitgefühl, das wir anderen gegenüber empfinden, müssen wir eine wichtige Unterscheidung treffen, nämlich die zwischen Mitgefühl und Mitleid. Mitleid bedeutet, wie das Wort schon sagt, dass wir mit jemandem mitleiden, statt mit ihm zu fühlen.

Ein enger Freund ruft dich an und erzählt dir, dass er heute gefeuert wurde. Was tust du ganz automatisch? Du leidest mit ihm mit. Das heißt in diesem Fall zunächst: Ihr sucht gemeinsam einen Schuldigen. Das könnte der Chef sein oder Mitarbeiter oder ... Vielleicht weiß dein Freund ja auch schon, wer schuld ist. In jedem Fall leidest du bereits mit ihm. Du teilst seine Sicht der Dinge. Er sagt, dass er sich ungerecht behandelt und hilflos fühlt, dass er wütend und enttäuscht ist – und all das fühlst nun auch du, denn du leidest mit ihm mit. Früher oder später befindest du dich emotional in demselbem Schlammloch wie dein Freund, der sich dort eingegraben hat, seit er seine Kündigung bekommen hat. Das größte Problem dabei ist, dass du ihm nun keine Hilfe mehr sein kannst, denn du kannst ihn nicht aus dem Schlamm ziehen, in dem du selbst steckst. Das ist Mitleiden.

Mitgefühl dagegen bedeutet, dass du zwar spürst, wie dein Freund leidet, aber gleichzeitig darüber hinausspüren kannst, sprich: Du kannst auch das Potenzial sehen, das trotz allem da ist. Du spürst seinen Schmerz, siehst aber auch, welche Möglichkeiten noch vor ihm liegen, die er selbst in dem Moment gar nicht sehen kann. Das heißt, du distanzierst dich nicht von seinem Schmerz, bist aber auch nicht blind für das, was jenseits davon liegt. Und genau das gibt dem anderen die Möglichkeit, einen Weg aus dem Schlamm zu finden.

Dass wir Mitgefühl nicht kultiviert haben, merken wir meist erst dann, wenn wir es dringend brauchen. Eine solche Extremsituation ist zwar kein einfacher Anfangspunkt, aber manchmal bleibt einem nur der Sprung ins kalte Wasser. In jeder Situation, in der wir die Wahl treffen, uns selbst oder anderen Mitgefühl vorzuenthalten, leiden wir. Es ist uns vielleicht nicht immer bewusst, aber indem wir uns vom Mitgefühl abwenden, leiden wir, entweder weil wir mit dem anderen mitleiden oder weil wir uns emotional von dem Gegenüber und uns selbst abgeschnitten haben.

Mitgefühl uns selbst gegenüber

Mitgefühl uns selbst gegenüber aufzubringen, ist oft ungleich schwerer, da wir in den Momenten, in denen wir es am meisten brauchen, mitten im Schlammloch stecken und nicht an dessen Rand stehen – vielleicht weil uns etwas sehr gekränkt hat, wir uns gestresst fühlen, weil wir nach einer Trennung nicht so belastbar sind, weil wir uns selbst die Schuld an etwas geben, wir uns nicht respektiert fühlen ... Wenn wir uns in einer Problemtrance befinden, in einem Gedankenkarussell, das sich dreht und dreht und immer schneller wird, haben wir nicht das Gefühl, ein Problem zu haben, sondern das Problem zu sein.

Hinweise darauf, dass du Mitgefühl brauchst, weil du dich im Gedankenkarussell befindest

- Wenn du dich als nicht liebenswert empfindest.
- Wenn du dich verwirrt und handlungsunfähig fühlst.
- Wenn dir der Satz »War/bin ich blöd« über die Lippen kommt oder im Kopf herumspukt.
- Wenn dir erst nach einem Gespräch die perfekte Antwort einfällt und du dich mit »hätte ich nur« niedermachst.
- Wenn du »Sollte-Gedanken« hast: Ich sollte ihn/sie vergessen. Es sollte mir schon längst besser gehen. Ich sollte wieder unter Leute gehen ...
- Wenn du einen Fehler gemacht hast und dich schuldig fühlst oder Scham empfindest.
- Wenn du den gleichen Fehler zum wiederholten Mal gemacht hast.
- Wenn du dich mit jemandem vergleichst.
- Wenn du Selbstkritik mit Selbstmotivation verwechselst.
- Wenn du weißt, was in einer Situation gut und richtig wäre, es aber nicht tust.
- Wenn du dich unfähig fühlst, eine Entscheidung zu treffen, und dich dafür niedermachst.
- Wenn Verpflichtungen dich in verschiedene Richtungen ziehen und du dich dabei selbst vergisst oder es für egoistisch hältst, dich um dich selbst zu kümmern (einer Freundin geht es schlecht, sie will dich treffen, dein Schreibtisch liegt voller Arbeit und du bist eigentlich zu geschafft, um beidem gerecht zu werden).
- Wenn du dir nicht das Recht zugestehst, Nein zu sagen.

Tritt einen Schritt zurück und schau, wie du dich in dem Moment fühlst. Steig aus dem Gedankenkarussell aus, statt einfach immer weiterzufahren.

Das bedeutet, dass sich die Aufmerksamkeit aus dem Kopf in den Körper verlagert. Und im Körper spüren wir dann beispielsweise, wie sich der Magen vor Angst oder Scham zusammenzieht, dass wir vor Nervosität feuchte Hände haben ... Kein angenehmer, aber ein notwendiger Schritt.

Was beim Ausstieg aus dem Gedankenkarussell und bei der Verlagerung der Aufmerksamkeit auf den Körper ungemein helfen kann, ist möglichst tiefes, bewusstes Atmen. Bewusstes Atmen hilft uns nicht nur, unsere Gefühle wahrzunehmen, es beruhigt auch das Nervensystem und ersetzt die flache schnelle Atmung, die das Gedankenkarussell nur noch mehr antreibt und uns darin gefangen hält.

Am Nullpunkt

Frage: Wie urteilst du im Moment über dich selbst? Ich habe versagt? Ich bin nicht gut genug? Ich werde es nie besser hinkriegen? Was immer dein Urteil ist, es ist eine Version von »Ich bin nicht so perfekt, wie ich sein sollte.«.

Wenn du das erkannt hast, steht zumindest schon ein Teil von dir am Rand des Schlammlochs und kann dir die Hand reichen. Erst jetzt kannst du dir selbst gegenüber Mitgefühl empfinden, theoretisch zumindest. Praktisch ist das oft der Punkt, an dem man sich wie gelähmt fühlt. Jetzt könnten wir versuchen, auf der logischen Ebene eine

Lösung für die Situation zu finden, nach dem Motto: »Ich weiß, was ich fühle, ich weiß, was ich über mich denke, und das muss jetzt in Ordnung kommen!« Doch davon gehen die Gedanken und Gefühle nicht weg. Warum nicht?

Wenn dieser Modus einsetzt, und er setzt dann ein, wenn wir uns unfähig fühlen, Mitgefühl uns selbst gegenüber zu empfinden, sind wir auf eine tiefe Verletzung gestoßen, auf einen Teil von uns, den wir als Schwäche empfinden, als nicht liebenswert, vielleicht sogar als verachtenswert, den wir im Regelfall vor anderen verstecken wollen, weil wir glauben oder erlebt haben, dass niemand mit Anerkennung oder Mitgefühl darauf reagiert. Wir haben gelernt, uns für diesen Teil zu schämen, und glauben, dass unsere Chancen, dass andere sich nicht von uns abwenden, besser stehen, wenn wir diesen Teil von uns vor ihnen verstecken.

Dieses Versteckspiel ist auch ein Grund dafür, dass wir uns manchmal für seltsamer halten als andere Menschen, dass wir glauben, andere seien nicht so verkorkst wie wir, hätten nicht so viele Selbstzweifel, seien nicht so unsicher, was ihr Aussehen betrifft, kurz, dass wir uns anders fühlen als sie, einfach schlechter.

Was immer deine Reaktion auf diesem Teil von dir ist, es ist die Reaktion, die du wieder und wieder, verbal oder nonverbal, von deinen Eltern und deinem Umfeld bekommen hast. Sie ist zu deiner eigenen inneren Stimme geworden, die diesen Teil von dir ständig kommentiert: »Und schon wieder hast du dich unterbuttern lassen. Du lernst es aber auch nie …« Die eigene innere Stimme geht oft noch harscher mit uns ins Gericht, als unsere Eltern es jemals getan haben.

Und andererseits: Hättest du für diesen Teil wiederholt Mitgefühl von anderen bekommen, würdest du höchstwahrscheinlich selbst mitfühlend darauf reagieren.

Jetzt liegt es in deiner Hand, das Vermächtnis deiner Eltern *nicht* weiterzuführen und die innere Stimme zu kultivieren, die du dir früher von deinen Eltern gewünscht hättest.

Übung: Die inneren Stimmen austauschen

1. Schritt: Nimm dir ein Blatt Papier und lass zunächst deine kritische innere Stimme zu Wort kommen. Schreibe alles auf, was sie über dich sagt, darüber, wer du bist, was du nicht kannst und so weiter. Tu das so lange, bis es in deinem Kopf ruhiger wird und die Stimme vielleicht ganz verstummt.

2. Schritt: Erlaube dir zu akzeptieren: Für wie verkorkst du dich im Moment auch hältst, deine Gefühle sind nicht viel anders als die Gefühle, die jeder andere Mensch auch immer wieder hat. Perfektion ist nicht erreichbar.

3. Schritt: Nimm dir nun ein Blatt und lass deine verständnisvolle, mitfühlende innere Stimme zu Wort kommen, die Stimme, die dir das sagt, was du von deinen Eltern und Freunden gern gehört hättest/hören möchtest.

Übung: Die idealen Eltern

1. Schritt: Nimm dir 30 Minuten, in denen du sicher ungestört bist. Stelle dir kurz die aktuelle Situation vor, in der du dich in Mitgefühl übst, oder eine Situation aus deiner Kindheit, die dich an die aktuelle Situation erinnert.

2. Schritt: Stelle dir jetzt deine idealen Eltern vor, wie immer das für dich aussieht. Lass dir dafür so viel Zeit, wie du brauchst. Achte darauf, dass du die Übung nicht nur denkst, sondern auch fühlst und mit allen Sinnen wahrnimmst und dass du dabei tief und entspannt atmest.

3. Schritt: Lass dir von deinen idealen Eltern das Mitgefühl zuteilwerden, das du dir immer gewünscht hast – in Worten, in Gesten, in allen Einzelheiten, bis du dich erfüllt, zufrieden und angenommen fühlst. Lade deine idealen Eltern dann ein, deine neue innere Stimme zu werden.

Kapitel 8

Geduld oder der Mut zu trauern

Man kann die Dinge im Leben grob in vier Kategorien einteilen:

- Dinge, die wir unter Kontrolle haben,
- Dinge, die teilweise von uns beeinflussbar sind,
- Dinge, die in Zyklen passieren, und
- Dinge, die außerhalb unserer Beeinflussbarkeit liegen.

Leiden beginnt dann, wenn wir versuchen, Dinge zu kontrollieren oder zu beeinflussen, die sich nicht kontrollieren oder beeinflussen lassen, jedenfalls nicht von uns. Leiden entsteht oft auch dadurch, dass wir Dinge in die falsche Kategorie einordnen. Es ist nicht immer möglich, alles von vornherein richtig einzuordnen, aber wenn man leidet, ist das ein klarer Indikator dafür, dass man etwas falsch eingeschätzt hat. Es ist etwa so, als säße man auf dem Deck eines Schiffes auf einem Heimtrainer und strample sich ab, um schneller im Hafen anzukommen. Man kann noch so schnell in die Pedale des Heimtrainers treten, die Geschwindigkeit des Schiffes wird das nicht beeinflussen. Das Schiff kommt an, wann es ankommt. Man kann sich der Illusion hingeben, dass man es beeinflussen kann, und völlig fertig und verausgabt im Hafen ankommen. Oder man hat einfach Geduld. Geduld heißt, sich dem hinzugeben, was da ist, wenn man es nicht ändern kann.

Geduld ist besonders dann gefragt, wenn wir an die Grenzen dessen stoßen, was wir beschleunigen können. Es gibt Dinge im Leben, die einfach ihre Zeit brauchen. Ein guter Freund von mir sagt immer: »Egal, wie viel du visualisierst und affirmierst, ein Baby braucht neun Monate, um auf die Welt zu kommen.« So hat auch die Trauer ihre Zeit – die Zeit, die es braucht, um zu vergeben, Wunden heilen zu lassen, sich auf Neues einzulassen und sein Herz wieder ganz öffnen zu können. Diese Zeit und den Raum, in dem all das stattfinden kann, muss man sich aktiv nehmen, denn wir leben in einer Gesellschaft, in der uns beides nicht einfach gegeben wird.

Früher hat eine Witwe ein Jahr lang schwarz getragen. Dieses Jahr war eine offizielle Trauerzeit, eine Zeit des Rückzugs. Die schwarze Tracht symbolisierte klar und für jeden sichtbar, dass sich diese Person in Trauer befindet. Es wurde daher nicht erwartet, dass sie sich am gesellschaftlichen Leben beteiligte. Heute höre ich oft: »Jetzt ist aber mal gut. Ihr habt euch getrennt, das ist jetzt schon zwei Monate her. Bist du immer noch nicht darüber weg?« Oder: »Wann hört das endlich auf, ich kann doch nicht ewig trauern?« Ich finde solche Sätze sehr befremdlich, denn auch wenn Trauer nichts ist, was sich jemand wünscht, gebührt ihr doch ein gewisser Respekt.

»Wann hört das endlich auf, ich kann doch nicht ewig heulend hier rumsitzen?«

»Es hört auf, wenn es aufhört.«

»Na toll, das macht mir Mut, aber ernsthaft: Wie lange dauert es noch?«

»Das war schon ernst gemeint, ich habe keine Tabelle, in der steht: *Beziehung hat viereinhalb Jahre gedauert, eine sechsmonatige Trauerzeit ist einzuhalten, oder: Nach 57 Tagen ist alles vorbei.* Es ist völlig verständlich, dass man gern ein greifbares Ende – am besten mit Tag und Uhrzeit – hätte, aber das gibt es nicht. Was ich dir sagen kann, ist: Je weniger du dich dagegen wehrst, desto ungestörter kann sich alles seinen Weg nach draußen bahnen und desto schneller geht es vorbei. Je mehr du dich dagegen wehrst, desto länger dauert es.«

»Aber ich kann doch nicht nur hier rumsitzen und heulen.«

»Das habe ich auch nicht gesagt.«

»Weißt du, eine Freundin meinte, ich solle rausgehen, mich ablenken, in den Urlaub fahren, mal auf andere Gedanken kommen. Vielleicht geht es mir dann ja besser?«

»Vielleicht, es gibt auch keine Regel, die besagt: *Bei Trauer auf keinen Fall Urlaub machen.* Du kannst alles tun, es fragt sich nur: Machst du es, um vor dir und deinen Gefühlen wegzulaufen oder nimmst du sie mit? Und wenn du sie mitnimmst, warum dann nicht wegfahren? Du hast vielleicht auch gemerkt, dass sich, wenn man der Trauer ihren Lauf lässt, ganz von allein Ruhephasen ergeben, in denen man nicht nur wie ein Häufchen Elend in der Ecke sitzt, sondern sich vielleicht leer oder ruhig fühlt und das eine oder andere tun kann.

Jede alte Kultur hatte ihre Bräuche und Traditionen für den Umgang mit Trauer. Die Bekannteste, die in unserer Kultur überlebt hat, ist, dass Hinterbliebene ein Jahr lang schwarz tragen. Ich habe vor Kurzem gelesen, dass im alten China Witwen eine gewisse Zeit in ihrer Hütte trauern konnten. Nach dieser Zeit wurde die Hütte angezündet und danach an anderer Stelle neu aufgebaut, um den Lebenswillen der Witwe wieder zu wecken.

In unserer Kultur ist Trauer oft nur noch eine lästige Randerscheinung. Wir wissen nicht mehr, wie wir damit umgehen sollen, und das gilt für diejenigen, die trauern, ebenso wie für ihr Umfeld. Das heißt, jeder muss sich seinen eigenen Rahmen schaffen, in dem er ungestört trauern kann.«

»Da muss ich mal drüber nachdenken, wie ich das gestalte.«

»Mach das, in der Zwischenzeit, und das mag sich komisch anhören, stelle ich mir die Frage: Was stört dich genau daran, das zu beweinen, was du geliebt und verloren hast?«

»Na ja, ich wäre lieber wieder glücklich.«

»Stell dir mal vor, du lernst jemanden kennen, und er erzählt dir: Ich hatte knapp fünf Jahre lang eine Beziehung. Die ging zu Ende und nach einer Woche ging es mir schon wieder spitzenmäßig. Alle Trauer war weg, vorbei. Ich hätte Bäume ausreißen können, so glücklich war ich.«

»Das wäre schon komisch.«

»Nicht wahr? Ich hätte Angst, einen Psychopathen vor mir zu haben.«

»Wirklich?«

»Ein Psychopath ist ja nicht jemand, der dich umbringen will, sondern – grob umrissen – jemand, der kaum oder keine Gefühle für andere Menschen empfinden kann, also kaum Empathie hat.«

»Okay, ich bin also schon mal kein Psychopath.« *(Sie lacht.)*

»Dann nochmals zurück zu meiner Frage: Warum ist es schlimm für dich zu trauern?«

»Weil irgendwie alles dunkel ist und es so gar keinen Lichtblick gibt.«

»Das ist eher eine Beschreibung, wie Trauer aussehen kann, und letztlich so, wie wenn du nachts rausgehst und du dich beschwerst, dass keine Sonne zu sehen ist.«

»Ich glaube, ich habe Angst, dass wenn ich mich nicht dagegen wehre, dass es dann nie mehr aufhört.«

»Diese Angst gehört dazu und ich kann sie dir nicht ganz nehmen. Das Einzige, was hier ein wenig Halt geben kann, sind Erfahrungen mit Situationen, in denen man dachte: Das hört nie auf, es wird nie besser. Und dann ist es doch vorbeigegangen.«

»Ich glaube aber nicht, dass es dieses Mal so ist.«

»Das ist in Ordnung und, gewollt oder nicht, es ist auch der Preis dafür, jemanden zu lieben, sein Herz ganz zu öffnen und …«

»Kann ich denn gar nichts machen, damit es besser wird???«

»Erinnerst du dich an die einzelnen Kategorien, über die wir gesprochen hatten?«

»Klar.«

»Wenn jemand leidet, weil er nicht merkt, dass er die Situation ganz oder teilweise selbst verändern kann, kann ich ihm Werkzeuge an die Hand geben – und die Situation ändert sich oft schlagartig. Was wir hier haben, ist aber keine Situation, die du voll unter Kontrolle hast und beeinflussen kannst, sondern etwas, das innerhalb eines Zyklus' passiert. Eine Trennung ist natürlicherweise mit einem Trauerprozess verbunden, der größer ist als du, genau wie die Liebe größer ist als du. Trauer ist der Gegenspieler, den du nicht kontrollieren kannst, wenn du ihn nicht unterdrücken sondern durchleben willst.«

»Ich verstehe.« *(Klingt wenig begeistert.)*

»Ich habe festgestellt, dass wir die fünf Phasen der Trauer, die Elisabeth Kübler-Ross beschreibt: Leugnen, Wut, Feilschen/Verhandeln mit Gott, Depression und Akzeptanz (in keiner bestimmten Reihenfolge) nicht nur durchlaufen, wenn wir jemanden verlieren, weil er gestorben ist, sondern auch, wenn wir jemanden verlieren weil wir getrennte Wege gehen.«

»Mit dreien davon habe ich ja schon Bekanntschaft gemacht. Und du meinst, ich sollte einfach abwarten, bis alle Phasen da waren. Mehr kann man nicht machen?«

»So in etwa. Das heißt nicht, dass dein Leben düster und ohne Freude sein muss, bis die Zeit der Trauer vorbei ist, aber es heißt, der Trauer mit Respekt zu begegnen und dich mit Menschen zu umgeben, die sie nicht herunterspielen. Ich kann dir helfen, den Prozess zu verstehen, kann dich hindurch begleiten, aber ich kann die Trauen nicht ›wegmachen‹. Das geht vielleicht bei anderen Problemen (die in die Kategorie ›ganz/teilweise beeinflussbar‹ fallen), aber hier nicht. Es gibt einen Satz aus der Pferdearbeit, der mir in Fällen wie diesen immer sehr geholfen hat: Wenn du keine Zeit hast, dauert es ein Leben lang, aber wenn du deinem Pferd alle Zeit der Welt gibst, geht es im Nu.«

»Ich habe ihn wirklich geliebt.«

»Ich weiß.«

Idealerweise folgt auf eine Trennung ein Ablösungsprozess, eine Zeit des Vergebens und der Dankbarkeit für das, was war; eine Zeit der Trauer, der Tränen und der Wut und irgendwann des Akzeptierens; eine Zeit, um Bilanz zu ziehen über das, was funktioniert hat und was nicht, über die Dinge, die einem klar(er) geworden sind; eine Zeit des Ausrichtens auf die Zukunft; eine Zeit, in der man einen klaren Schlussstrich unter das zieht, was man sich auf keinen Fall für die nächste Beziehung wünscht; eine Zeit, in der man für sich ist und sich selbst als den Menschen neu kennenlernt, als der man aus dieser Beziehung hervorgegangen ist.

All das geht nicht in sieben Tagen und auch nicht in vier Wochen. Und dennoch: Je klarer und bewusster man diesen Prozess durchlebt, desto mehr wird sich die künftige Beziehung im Positiven von der letzten unterscheiden. Und je weniger man reflektiert, desto mehr gleicht die nächste Beziehung der, die man gerade beendet hat. Das Ende einer Beziehung ist kein guter Zeitpunkt, um vor sich und seinen Ängsten davonzulaufen.

Spricht eigentlich etwas dagegen, kurz nach einer Trennung direkt in eine neue Beziehung zu wechseln? Diese Frage wird mir häufig gestellt. Im Rahmen dessen, was in diesem Kapitel thematisiert wird, kann ich nur sagen: Ja, es spricht einiges dagegen. So etwas mag sich wie eine Abkürzung anfühlen, erweist sich aber meist als Umweg, denn bei diesem fliegenden Wechsel bleibt für das oben Beschriebene keine Zeit. Die Trauer, die Wut, die Tränen, die Vergebung, die Dankbarkeit, die Selbsterforschung, die Neuausrichtung, kurz, alles, was von der neuen Verliebtheit einfach zur Seite gedrängt wurde, wird sich früher oder später seinen Weg an die Oberfläche suchen. Dann durchlebt man all das, was man einfacher allein oder mit Freunden und Vertrauten hätte durchleben können, in einer Beziehung, die nicht der ideale Ort dafür ist und die es auch verdient hätte, auf einem neuen, noch unbeschriebenen Blatt zu stehen. Ein unbeschriebenes Blatt steht aber erst zur Verfügung, wenn das Kapitel davor wirklich abgeschlossen werden konnte. Alles andere wäre nur eine neue Folge der alten Geschichte.

Die gleiche Dynamik setzt auch dann ein, wenn zwar mehr Zeit zwischen zwei Beziehungen lag, diese Zeit aber eher genutzt wurde, um sich abzulenken, oder man in einer Phase der Trauer hängen geblieben ist.

»So langsam geht es mir besser. Ich war gestern mit Freunden weg und konnte wieder richtig lachen. Ich habe mich richtig gut amüsiert und hatte nicht das Gefühl, ich mache es, um zu verdrängen. Es hat einfach Spaß gemacht, wieder was ganz Normales zu machen, und ich konnte es genießen!«

»Das freut mich.«

»Wenn ich gewusst hätte, was da auf mich zukommt, ich weiß nicht, ob ich mir das angetan hätte.«

»Wirklich? Das ist ein sehr starkes und folgenreiches Statement, wenn du es wirklich glaubst.«

»Was meinst du?«

»Was du damit sagst – wenn du es wirklich so meinst –, ist, dass du lieber nicht geliebt hättest, wenn du dir dadurch den Schmerz und die Trauer hättest ersparen können. Der Übergang zu einem Versprechen dir selbst gegenüber ist fließend.«

»Glaubst du eigentlich, dass ich ihn immer lieben werde?«

»Ich kann dir sagen, was ich über die Liebe glaube: Wirkliche, echte Liebe geht nie weg. Sie mag eine Zeit lang überschattet sein von der eigenen Wut, von Trauer und/oder dem Wunsch, den anderen ungespitzt in den Boden zu rammen, was völlig menschlich und in Ordnung ist. Das passiert, wenn man nicht daran festhält, aber nur für einen gewissen Zeitraum. Dann ist die Liebe wieder da. Sie war nie weg, nur kann man sie jetzt wieder spüren. Da es den mir unbegreiflichen gesellschaftlichen Konsens gibt, dass man jemanden nicht mehr lieben darf, wenn man sich getrennt hat, erschrickt man dann oft und fragt sich: Was bedeutet das?

Hätte ich mit ihm/ihr zusammenbleiben sollen? Soll ich ihn/sie anrufen? Sollen wir es nochmal versuchen? Habe ich alles falsch gemacht? Wie kann ich jemand anderes lieben, wenn ich ihn/sie noch liebe?«

»Aber was heißt es, dass ich ihn noch liebe?«

»Es heißt, dass du ihn liebst. Punkt. Nicht mehr. Man kann Menschen lieben und trotzdem und zu Recht entscheiden, dass man keinen Kontakt mehr haben wird. Alles, was echt ist, wird nicht einfach verschwinden, aber die Ausdrucksform kann sich ändern. Beispielsweise bringt eine Mutter ihre Liebe einem Baby gegenüber anders zum Ausdruck als einer pubertierenden oder auch erwachsenen Tochter gegenüber. Die Form kann sich immer ändern.«

»Ich dachte immer, dass ich erst dann wirklich über jemanden hinweg bin, wenn ich ihn nicht mehr liebe.«

»Ehrliche Antwort?«

»Ja.«

»Es ist kindisch zu sagen: *Den liebe ich nicht mehr.* Oft wird dieser Satz sogar als Liebesbeweis benutzt: *Den liebe ich nicht mehr, jetzt liebe ich dich.* Weise wäre es zu sagen: *Ich habe ihn/sie geliebt und kann dich aufgrund dessen noch tiefer und weiser lieben.* (Ansonsten werden die Aspekte weggesperrt, die ihn/sie noch lieben.)«

Eine Trennung ist wie ein Tal, das man durchschreitet. Je höher der Berg war, den man erklommen hat, je höher die Höhen in einer Beziehung waren, desto tiefer ist das Tal, das man nach einer Trennung oft durchschreitet. Je tiefer wir geliebt haben, desto tiefer wird die Trauer sein, die wir am Ende der Beziehung verspüren. Welchen Schluss ziehen wir daraus? Es kann nicht die Lösung sein, Liebesbeziehungen lauwarm zu halten, um das Tal zu vermeiden, das auf die Höhen der Liebe folgt. Besser wäre es, weise zu wählen, mit welcher Person man den Berg besteigen möchte. Nur wer das Tal der Trauer durchschreitet, kann eine neue Beziehung erleben, die wieder auf die höchsten Höhen führt. Wenn wir uns in unserer Trauer beschneiden und sie einfach wegschieben, ist unser Herz nicht offen und bereit für eine neue Liebe (siehe auch die Abbildung auf Seite 31).

Kapitel 9

Vergeben

»Vergebung ist der Duft, den das Veilchen dem Absatz schenkt, der es zertreten hat.«

Mark Twain

Jede Beziehung, wie harmonisch sie nach außen hin auch zu sein scheint, hat ihre Schattenseiten. Zwei Menschen, die in Beziehung sind, fügen sich gegenseitig Verletzungen zu, egal wie sorgsam sie miteinander umgehen. Es gibt sozusagen eine Garantie dafür, dass wir im Leben verletzt werden. Wir suchen es uns nicht aus, aber es passiert. Wir haben lediglich die Wahl, wie wir damit umgehen, dass wir immer wieder verletzt werden. Ob dies absichtlich oder unabsichtlich geschieht, spielt letztendlich keine Rolle, denn der Schmerz ist der gleiche. Und das beste Mittel gegen diesen Schmerz heißt *Vergebung*. Um Missverständnisse zu vermeiden, möchte ich zunächst klären, was ich *nicht* mit Vergebung meine.

- Vergebung heißt nicht, das Fehlverhalten des anderen gutzuheißen. Wenn jemand Gewalt in einer Beziehung erlebt hat, sagt derjenige, indem er vergibt nicht, dass Gewalt in Beziehungen in Ordnung ist, und auch nicht, dass man solche Beziehungen nicht verlassen sollte.
- Vergebung heißt nicht, dass der andere die Konsequenzen aus seinen Handlungen nicht tragen muss. Eine Klientin fragte mich einmal: »Wenn ich ihm vergebe, kann ich dann trotzdem den Unterhalt für meine Kinder einklagen?« Aber natürlich!
- Oft habe ich den Satz gehört: »Wenn ich es vergeben würde, kann es ja nicht so schlimm gewesen sein.« Das klingt, als ließe sich an der Bereitschaft, Vergebung zu üben oder vorzuenthalten, ablesen, wie schlimm etwas war. In Wirklichkeit ist die Weigerung zu vergeben eine Art Schutzmechanismus, mit dessen Hilfe man gesunde Grenzen aufrechterhält, weil man nicht weiß, wie man sonst Abstand schaffen soll. Vergebung heißt nicht, dass wir keine Grenzen setzen und keine Standards haben dürfen. Wenn wir einem Partner vergeben, der fremdgegangen ist, heißt das weder, dass wir automatisch auch bereit sind, die Beziehung weiterzuführen, noch ist die Vergebung ein Freibrief für weitere Verfehlungen.
- Vergeben bedeutet nicht, dass man sofort wieder mit der betreffenden Person in Kontakt tritt oder dass dies notwendigerweise ratsam ist. Vielmehr ist Vergebung in erster Linie etwas, das *in uns* stattfindet. Manchmal ist es hilfreich, die andere Person daran teilhaben zu lassen, aber bei Weitem nicht immer.

Vergebung ist vor allem für uns selbst wichtig, weil sie uns eine schwere Last abnimmt, die wir dann nicht länger unnötig mit uns herumschleppen müssen.

»Verzeihen??!!???« *(entrüstet)*
»Er hat mich betrogen UND belogen ...die ganze Situation zerreißt mich.«
»Ich weiß.«
»Ich bin außer mir. ... Ich ... ich kann ihm doch nicht verzeihen. So einfach kommt der nicht davon ... weißt du ...«
»Merkst du, dass wir uns im Kreis drehen? Nichts wird sich dadurch ändern, dass du mir zum wiederholten Male erzählst, wie er dich betrogen hat.«
»Aber, ich kann ihm nicht einfach verzeihen.«
»Von *einfach* habe ich nicht gesprochen und einfach ist es sicherlich auch nicht, aber es wird Zeit, zumindest darüber nachzudenken. Es ist völlig in Ordnung, dass du wütend, enttäuscht und außer dir warst und immer noch bist. Das alles herauszulassen und sich auszukotzen hat auch seine Zeit, aber es fängt an, eine Endlosschleife zu werden. Merkst du, dass es dir am Anfang nach dem Auskotzen besser ging, du dich mittlerweile aber ein Stück weit reinsteigerst und es dir danach noch schlechter geht und nicht besser?«
»Jaa.« *(zögerlich)*
»Das heißt einfach: Es gab eine Zeit, da hat es dir geholfen. Es war angebracht. Es war deine Medizin, ihn nach allen Regeln der Kunst zu beschimpfen. Doch dann kommt der entscheidende Punkt. Wenn man dann den Absprung nicht schafft, wird Wut zu Verbitterung, und je öfter man diese Endlosschleife wiederholt, desto mehr verfestigt sich die Verbitterung. Das hat dann nichts mehr mit Heilung zu tun, sondern damit, dass man recht haben will.«

»Aber wo bitte will ich recht haben?«

»Direkt gesagt: Du willst recht haben, dass er ein Schwein war.«

»War er ja auch.«

»Die Tatsache, dass er jenseits aller Integrität gehandelt hat, braucht weder deinen Wunsch, recht zu haben, noch deine Verbitterung. Es ist, wie es ist, so oder so.«

»Wirklich, ich kann ihm nicht vergeben.«

»Kann nicht oder will nicht?«

»Ich bin einfach noch nicht so weit.«

»Der Fakt, dass deine momentane Handlungsweise dir nicht hilft, sondern es dir dadurch nur noch schlechter geht, legt nahe, dass es Zeit ist ...«

»Aber wie soll ich ihm denn vergeben nach all dem Rumlügen? Er hat mir mitten ins Gesicht gelogen ...«

»Vergebung ist erst eine Entscheidung und dann ein Prozess.«

»Okay, das heißt?«

»Dass du als Erstes die Entscheidung treffen musst, ihm vergeben zu wollen. Und da du es noch nicht willst, ein paar Eckpunkte: So oder so, um ihn wirklich loslassen zu können, wirst du nicht umhinkommen, ihm zu verzeihen. Du wirst nicht für jemand anderen frei sein, solange du ihn nicht ganz loslassen kannst, und solange wirst du dein Misstrauen in einem gewissen Maß auf jemand Neuen projizieren.«

»Das will ich natürlich nicht.«

»Okay, wenn das für den Anfang deine Motivation ist, um vergeben zu können, dann nehmen wir das.«

»Und wie weiter?«

»Ich weiß nicht mehr genau, wo ich die Idee aufgeschnappt habe, aber ich habe mir irgendwann angewöhnt, wenn mir jemand Unrecht tut, wenn ich mich über jemanden aufrege, für ihn zu beten.«

»Das ist jetzt aber nicht dein Ernst?«

»Doch.«

»Das kannst du nicht von mir verlangen.«

»Es ist mein Vorschlag für dich.«

»Das kann ich nicht. Wirklich, das geht nicht.«

»Es ist völlig in Ordnung, wenn du sagst: Ich mache es nicht. Ich will es nicht. Aber lass uns vorsichtig sein mit Sätzen wie *Ich kann das nicht*. Es gibt einen feinen, aber wichtigen Unterschied zwischen *Ich will es nicht, weil es sehr schwer für mich wäre* und *Ich kann es nicht*.«

»Es würde mich zerreißen.«

»Erinnerst du dich, ganz zu Anfang unseres Gespräches hast du genau diese Worte gewählt, um deinen momentanen Zustand zu beschreiben.«

»Ja *(etwas zerknirscht und ertappt)*, aber ich kann das wirklich nicht.«

»Ich versuche dir gerade aufzudröseln, dass du eine Wahl hast. Du kannst in deiner momentanen Denkweise verharren, nach der er der Täter und du das Opfer bist, er das Schwein und du die Taube – das kannst du beliebig durch andere Tiere ersetzen. Oder du gehst einen anderen Weg. Über deinen momentanen Weg sagst du, dass er dich zerreißt. Aber du kannst auch keinen anderen Weg wählen, nämlich für ihn zu beten, weil auch das dich zerreißen würde. Soweit, so klar?«

»Ja.«

»Erklär mir das bitte.«

»Ich weiß, worauf du hinauswillst. Es ist nicht logisch.«

»Unter anderem.«

»Aber ich kann ihm nichts Gutes wünschen.«

»Siehst du, dass du eine Wahl hast?«

»Schon, aber die Auswahl ist nicht gerade einladend.«

»Der spannende Teil ist, dass du mit deiner momentanen Auswahl nicht zufrieden und glücklich bist, sonst würden wir dieses Gespräch nicht führen. Was hättest du zu verlieren, wenn du dich für die andere Variante entscheiden würdest?«

»Ich würde ihm potenziell etwas Gutes tun.«

»Aber eigentlich willst du ihm wehtun? Es ihm heimzahlen ...«

»Genau.«

»... und jeder kennt dieses Gefühl. Der Haken daran ist nur, du wirst dir damit auch selbst wehtun. Du denkst darüber nach, was du ihm wie heimzahlen würdest, wenn du könntest, und mit jedem Tag wird der Plot ausgefeilter und du verstrickst dich immer mehr in diesen dunklen Gedanken.«

»Das merke ich ... und für ihn zu beten, ist die einzige Möglichkeit?«

»Es ist eine der schnellsten, die ich kenne, die anderen sind nicht weniger unangenehm. Wenn ich für jemanden bete, den ich eigentlich ungespitzt in den Boden rammen möchte, dann sind das am Anfang keine langen, von Herzen kommenden Gebete, sondern nur ein, zwei Sätze wie: ›Ich bete für ihr Glück, Amen.‹ Mit der Zeit wird es einfacher, auch weil es einem damit besser geht, als wenn man sich in dunklen Szenarien festbeißt.«

»Okay, ich versuche es.«

»Das reicht nicht, kannst du es eine Woche lang machen, jedes Mal, wenn dunkle Wolken, dunkle Gedanken aufziehen?«

»Okay, das mache ich.«

Es ist nicht etwa so, dass die Alternativen zur Vergebung besonders erquicklich wären. Und trotzdem wählen wir sie so oft. Ärger, der immer wieder in uns hochkocht, weil er kein Ventil hat, verwandelt sich irgendwann in Hass auf andere oder uns selbst, in Verbitterung, die oft bewirkt, dass wir dem Leben und anderen Menschen mit Misstrauen begegnen. Obwohl wir einen Menschen vielleicht gerade erst kennengelernt haben, nehmen wir vorsichtshalber das Schlimmste oder Schlechteste über ihn an und schützen uns, auch wenn es in der Situation vielleicht gar nicht notwendig ist.

Neid ist sozusagen eine Nebenwirkung von Verbitterung und Misstrauen, die es uns verbieten, mit Offenheit und Freude durchs Leben zu gehen – während andere genau diese Offenheit und Lebensfreude an den Tag legen. Oft hat dieser Neid zur Folge, dass wir jemandem, der so offen ist, Naivität unterstellen: »Wenn du das erlebt hättest, was ich erlebt habe, würdest du nicht so trällernd durch den Tag gehen.« Aber vielleicht hat die Person nur einen anderen Weg gewählt, mit ihren Verletzungen umzugehen. Neid ist generell ein guter Indikator dafür, dass wir uns verschiedene Gefühle versagen, und wir empfinden ihn, wenn wir sehen, dass andere diese Gefühle ausleben. Neid weist uns dann oft darauf hin, welchen Preis wir dafür bezahlen, dass wir nicht vergeben.

Vergebung gibt unseren Gefühlen ein Ventil. Natürlich ist es auch gesund und hilfreich, den Gefühlen zunächst Luft zu machen, einen Freund anzurufen und sich »auszukotzen«, einen bitterbösen Brief zu schreiben, um ihn dann zu zerreißen und zu verbrennen, doch wenn all das nicht ausreicht, ist Vergebung der Schlüssel – oft das Schwierigste, was uns noch zu tun bleibt, aber auch das Wirksamste.

Nelson Mandela, jemand, der mehr Unrecht erfahren hat

und mehr zu vergeben hatte, als sich die meisten von uns auch nur vorstellen können, sagte: »Groll ist, als trinke man Gift in der Hoffnung, es würde unsere Feinde töten.« Die Person, der wir am meisten wehtun, wenn wir jemand anderem Vergebung vorenthalten, sind wir selbst. Wir müssen übrigens *aktiv* vergeben, denn Vergebung setzt nicht irgendwann ganz von allein ein. Hass und Verbitterung, die uns Lebensqualität entziehen, sind auch nach Jahrzehnten noch präsent, wenn wir sie nicht hinter uns lassen.

Es gibt den Satz »*Your body is your temple*« (»Dein Körper ist dein Tempel«). Ich würde sagen, deine Gedanken- und Gefühlswelt sollte auch dein Tempel sein, auf jeden Fall aber etwas, das man sauber hält. Fast niemand lässt seinen Müll über Wochen, Monate und Jahre in seinem Haus oder seiner Wohnung liegen. Wir machen Frühjahrsputz, misten aus, putzen die Fenster und machen auch sonst regelmäßig unser Lebensumfeld sauber und ordnen es, weil wir gelernt haben, dass man das so macht. Doch die wenigsten haben gelernt, dass es genauso wichtig ist, die eigenen Gedanken und Gefühle zu ordnen, nicht erst, wenn wir nicht mehr anders können, weil alles über uns zusammenbricht, sondern regelmäßig mit der gleichen Routine, mit der wir die Bettwäsche wechseln.

Oft bekomme ich die für eine anstehende Vergebung wichtigen Informationen in einem Nebensatz, verpackt in etwas, das meine Klienten ganz beiläufig erwähnen. Die entscheidenden Sätze beginnen meistens etwa so: »Ich weiß gar nicht, ob es wichtig ist/ob ich es dir schon erzählt habe/ob wir schon mal darüber gesprochen haben ...« und enden so: »dass meine erste Liebe tödlich verunglückt ist und ich mit im Auto saß« oder so: »dass ich fünf Fehlgeburten hatte« oder so: »dass mein erster Mann mich jahre-lang betrogen hat.«

Die Klientin, die im Auto saß, als ihr Freund tödlich verunglückte, hatte eine lange Therapie zu dem Thema gemacht, wie sie mir später erzählte. Sie hatte sich ehrlich und offen mit diesem schrecklichen Ereignis auseinander-gesetzt, aber sie hat nie vergeben – weder Gott dafür, dass er ihr den Freund genommen hat, noch ihrem Freund da-für, dass er sie hier »zurückgelassen« hat.

Warum fällt es uns so schwer zu vergeben?

Zum einen ist es in Ordnung, dass manche Dinge schwer sind und ihre Zeit brauchen. In einer Gesellschaft, in der alles schnell, einfach und mit zwei Mausklicks erledigt sein sollte, werde ich oft gefragt, ob es nicht einen schnelleren, einfacheren Weg zur Vergebung gibt. Es gibt keinen, es gibt kein Vergebung-2.3-Update. Vergebung ist eine Entschei-dung, auf die ein Prozess folgt, und dass es schwer ist, so-dass man am liebsten wegrennen würde, heißt nicht, dass es falsch ist. Es heißt vielmehr, wir sind genau am richtigen Punkt.

Zum anderen setzt Vergebung eine gewisse Verletzlich-keit voraus. Wir können uns über jemanden aufregen, über ihn schimpfen und ihn sogar hassen, ohne selbst verletz-lich zu sein, aber Vergebung funktioniert nicht ohne Ver-letzlichkeit. Sie funktioniert nicht, ohne dass wir zu dem zarten Teil in uns vordringen, der verletzt und vielleicht mit Füßen getreten wurde. Das ist keine angenehme Sache, sondern ein schwerer, aber notwendiger Schritt.

Du gräbst eine alte Geschichte, eine alte Verletzung, die vor Jahren stattgefunden hat, zum hundertsten Mal aus und erzählst einer Freundin beispielsweise, wie schlecht dein Mann dich behandelt hat, von dem du seit zehn Jahren geschieden bist, oder wie passiv aggressiv deine Mutter war. Und sie sagt »Vergib ihm/ihr« nicht als Floskel, die eigentlich bedeutet »Du musst ihm/ihr vergeben, denn ich kann die Geschichte allmählich nicht mehr hören«, sondern wirklich als ernst gemeinten Rat zu deinem eigenen Wohl. Wann ist dir so etwas zum letzten Mal passiert? Die durchschnittliche Freundin reagiert meist ganz anders. Entweder bestärkt sich dich darin, dass du recht hast, indem sie sagt »Ich könnte so jemandem auch nie etwas Gutes wünschen«, oder sie verhält sich ausgleichend: »Du musst auch mal die andere Seite sehen. Das ist alles nicht so einfach. Du musst es einfach mal loslassen und vergessen.«

Was ich in meiner Kindheit als Vergebung kennengelernt habe, waren eingeforderte »Zwangsentschuldigungen« nach dem Motto »Geh hin und sag, dass es dir leid tut«, vielleicht sogar mit einem unausgesprochenen »sonst ...« versehen, und andere Kinder, die mit einer solchen Zwangsentschuldigung zu mir kamen, weil man sie geschickt hatte. Keine gute Grundlage, aber so Gelerntes zieht sich durch unser ganzes Leben.

Wenn wir als Kind verletzt oder gehänselt werden und das andere Kind zwei Minuten später von den Eltern, der Kindergärtnerin oder Lehrerin geschickt wird, um sich zu entschuldigen, sind wir – auch später als Erwachsene – in den seltensten Fällen schon bereit, uns wieder mit dem anderen auseinanderzusetzen. Was wir erst einmal bräuchten, wäre Zeit – Zeit, um uns zurückzuziehen, um zu spüren, dass wir verletzt sind, was das mit uns macht, was genau wir fühlen, und Mitgefühl mit uns selbst zu haben.

Was wir stattdessen lernen, ist, dass Verletzungen schnellstmöglich »weggemacht« werden sollen/müssen. Wir sehen und erfahren, dass es das Bestreben der Erwachsenen ist, die Situation schnellstmöglich zu beenden. Wir lernen, dass vergeben abgehandelt wird. Es ist, so will man uns weismachen, vorbei, wenn sich die andere Person entschuldigt hat. Unsere Gefühle bekommen keinen Raum, gehören gar nicht zum Prozess des Vergebens. Anfangs versuchen Kinder oft, das Ganze auf ihre Art und Weise noch einmal anzusprechen, oder sie gehen auf Abstand zu dem anderen Kind, indem sie es wegschubsen oder sich wegdrehen, weil sie einfach (noch) keine Interaktion wollen.

Wenn die Reaktion der Erwachsenen dann »Er hat sich doch entschuldigt« ist, vielleicht noch gefolgt von »Jetzt spiel doch wieder mit ihm«, lernt das Kind, dass für die eigenen Verletzungen kein Platz ist. Stattdessen wird es mehr oder weniger gezwungen, den Fokus nach außen zu richten und zu akzeptieren, dass die Situation damit erledigt ist, dass sich das Verhalten des anderen ändert, ungeachtet des eigenen Innenlebens. Im ungünstigsten Fall kann das auch bewirken, dass man sich später als Erwachsener als nachtragend empfindet, nur weil man nicht innerhalb von ein paar Minuten oder spätestens nach einem Tag vergeben kann.

Solange wir nicht vergeben, tragen wir die Last der Ereignisse – dessen, was gesagt und getan wurde – auf unseren Schultern, und im Laufe der Jahre und Jahrzehnte wird diese Last immer schwerer. Wenn wir darüber nachdenken, wem wir nicht vergeben haben, kommen uns meist große Verletzungen in den Sinn. Gewalt erfahren zu haben, betrogen oder hintergangen worden zu sein – das sind große Ereignisse, an die man sich lange erinnert, aber Vergebung betrifft auch die kleinen Dinge, die man einen Monat später schon wieder vergessen hat, aber etwas bleibt doch. Mit jeder kleinen Sache, bei der wir genervt oder verletzt in uns reinstöhnen oder innerlich die Augen verdrehen, schließt sich eine Tür in unserem Innern, und nach Jahren fragt man sich dann, warum man so kühl geworden ist, warum man so wenig für seinen Partner, einen Freund oder das Leben selbst empfindet, warum man so negativ eingestellt ist. Das liegt daran, dass zu viele kleine Türen geschlossen wurden. Dieses Türenschließen beginnt mit den tausend kleinen Dingen, die du deinen Eltern immer noch insgeheim vorhältst, mit jedem »Mein Gott, war ich blöd, ich hätte es besser wissen müssen« dir selbst gegenüber und mit jedem Anflug von Schadenfreude, die du empfindest, wenn Mitmenschen, deren Leben immer so perfekt aussieht, auch mal einen ordentlichen Rückschlag hinnehmen müssen.

Woran merke ich,
wem ich noch nicht vergeben habe?

- Wenn du den Namen einer bestimmten Person hörst oder sie siehst und zusammenzuckst.
- Wenn du dir vorstellst, was du dieser Person gern antun oder heimzahlen möchtest. Wenn du hoffst oder dir ausmalst, dass ihr etwas Schlimmes widerfährt, egal wie klein oder groß dieses »Schlimme« ist.
- Wenn du dir vorstellst, dass du diese Person auf einer Veranstaltung wieder triffst und ihr dann dein perfektes Leben präsentierst, sie eifersüchtig machst, es ihr heimzahlst.
- Wenn du jemanden meidest, der noch in deinem Leben ist.
- Wenn du eine gewisse Schadenfreude oder Genugtuung empfindest, dich also heimlich oder offen freust, wenn diese Person schwere Zeiten durchmacht oder in Schwierigkeiten ist, oft begleitet von dem Gedanken: »Das geschieht ihr recht.«
- Wenn du ständig über diese Person sprechen und Geschichten erzählen willst, die alle schon kennen und keiner mehr hören will.
- Wenn du dich nach Monaten und Jahren immer noch ungerecht behandelt fühlst. Im Zusammenhang damit höre ich oft den Satz: »Aber es *ist* so, ich wurde ungerecht behandelt.« Das mag sein, aber wenn man vergeben hat, verliert dieser Satz seine Bedeutung, und man sagt und denkt ihn nicht mehr.

Nelson Mandelas Frage »Können wir die Vergangenheit vergeben, um die Zukunft zu überleben?« hat für mich eine ganz neue Bedeutung bekommen, als ich vor Jahren auf einer Coaching-Fortbildung in den Vereinigten Staaten war. An dieser Fortbildung nahmen auch drei Frauen teil, die den Genozid in Ruanda überlebt hatten. Eine dieser Frauen hat das Buch *Aschenblüte. Ich wurde gerettet, damit ich erzählen kann* geschrieben. Darin zeigt sie, dass Vergebung auch nach unvorstellbar grausamen Erlebnissen möglich ist. Wir waren auf dem Seminar in Arbeitsgruppen aufgeteilt. Immaculée Ilibagiza, die Autorin von *Aschenblüte,* war nicht in meiner Gruppe. Ihre Geschichte kenne ich größtenteils aus ihrem Buch, aber ich habe sie als Person über eine Woche lang erlebt und kann ohne Zweifel sagen, dass sie eine sehr liebevolle und in keinster Weise verbitterte Person ist. Sie erzählte, dass es ihr damals, als sie monatelang mit mehreren Frauen in einem winzigen Badezimmer ausharren musste, wo sie von einem Pfarrer versteckt worden waren, unsagbar schwer gefallen sei, den Satz »und vergib auch unseren Schuldigern« aus dem Vaterunser zu sagen. Sie konnte den Männern, die sie manchmal kurz durch das kleine Fenster sehen konnte und die im Blutrausch mit der Machete um sich schlugen, nicht vergeben. Sie war oft an dem Punkt gewesen, wo sie ihnen einfach nur das antun wollte, was sie anderen antaten. Ihre Gebete schwankten zwischen »Mögen sie in der Hölle schmoren« und »Lieber Gott, ich weiß nicht, wie ich ihnen vergeben kann. Bitte hilf mir. Zeige mir, wie ich ihnen vergeben kann.«

Da hatte sie eine Eingebung. Ihr wurde plötzlich klar, dass sie genauso werden würde, wie diese Männer da draußen, wenn sie ihnen nicht vergeben konnte, wenn sie weiterhin nur daran dachte, was sie ihnen gern antun würde, und dass sie Gott nicht vertrauen konnte, solange sie die Killer hasste.

Die Geschichten der anderen beiden Frauen habe ich auch gehört, aber da sie nicht selbst darüber geschrieben haben, werde ich es hier auch nicht tun. Es waren Geschichten von unfassbarer Grausamkeit und unfassbarem Leid, von dem ich nie geglaubt hätte, dass ein Mensch es überleben kann, geschweige denn diese zwei Frauen, die vor mir saßen. Natürlich flossen auch jetzt noch Tränen. Vergebung heißt nicht, dass man das Erlebte irgendwann wie eine Speisekarte herunterlesen kann. Alle drei Frauen haben getrauert – denn echte Vergebung ist nur möglich, wenn wir getrauert haben – und sind über ihren Schmerz hinausgewachsen.

Was ich mit dieser wahren Geschichte nicht erreichen möchte, ist, dass du sagst: »Also im Vergleich dazu ist es ja geradezu lächerlich, was meine Mutter mir angetan hat. Ich muss ihr jetzt vergeben.« Oder dass du dich schlecht fühlst, weil du nicht vergeben kannst, während andere so viel mehr zu vergeben haben. Es ist nicht hilfreich, schlimme Ereignisse zu klassifizieren, wohl aber zu erkennen, dass es möglich ist, und die Möglichkeiten zu sehen, die jeder von uns in sich trägt.

»Ich wollte schon lange mit dir über etwas reden. Wir haben ja schon das eine oder andere Mal über Vergebung gesprochen, aber da ist etwas … Ich weiß, es lastet schwer auf mir, aber ich kann nicht verzeihen, nicht mal im Ansatz. Mir wird schon schlecht, wenn ich nur darüber nachdenke. Ich kann meinem Vater nicht vergeben.«

»Was genau?«

»Den Fakt, dass ich immer Angst vor ihm hatte, dass ich nie wusste, wann er wieder ausrastet, dass er mich und meine Mutter geschlagen hat. Ich komme einfach nicht darüber hinweg.«

»Wie ist dein Verhältnis zu deinem Vater jetzt?«

»Distanziert, kühl. Ich schulde ihm ja auch wirklich nichts nach den tollen ersten 18 Jahren, die ich hatte. Wir sehen uns ein paar Mal im Jahr, wenn ich meine Mutter besuche.«

»Kann es sein, dass die Weigerung, ihm zu vergeben, dir zumindest scheinbar hilft, Grenzen zu setzen? Dass du dich dadurch nicht verpflichtet fühlst, ein anderes Verhältnis zu ihm zu haben?«

»Klar, aber das ist doch normal.«

»Mag sein, und ich sage auch nicht, dass du ein enges Verhältnis zu deinem Vater haben musst. Es ist absolut gesund, Grenzen zu haben, speziell wenn man jemandem nicht vertraut. Nur, wenn man das aktive Setzen von Grenzen dadurch vermeidet, dass man nicht vergibt, baut man sich sein eigenes Gefängnis.«

»Das verstehe ich nicht.«

»Wenn du an ihn denkst – daran, dass du ihm nicht vergeben kannst, welche Gefühle kommen dabei in dir hoch?«

»Wut.«

»Verbitterung?«

»Auch ... vor allem über die Ungerechtigkeit.«

»Lass uns die Ungerechtigkeit noch einen Moment zurückstellen, wir kommen darauf zurück.«

»Abscheu habe ich noch vergessen.«

»Okay, wie alt bist du?«

»Siebenundvierzig.«

»Das heißt, das Ganze ist knapp dreißig Jahre her?«

»Ja, das macht es aber nicht besser.«

»Die Zeit allein macht es nicht besser. Aber wer ist nach so langer Zeit verantwortlich für die Wut und Verbitterung in dir, du oder dein Vater?«

»Ich sollte wahrscheinlich sagen ich, aber es ist mein Vater.«

»Könnte es sein, dass dein Vater verantwortlich ist, weil du ihm weiterhin die Verantwortung für dein Glück überlässt, obwohl du es schon seit 30 Jahren in deinen eigenen Händen halten könntest?«

»So habe ich das noch nie gesehen. Du meinst, wenn ich ... Ich kann es noch gar nicht in Worte fassen.«

»Weil der Gedanke für dich noch ganz neu ist. Also noch einmal: Wer entscheidet im Moment noch darüber, ob du glücklich oder unglücklich bist?«

»Mein Vater, weil ich ihm die Macht darüber gebe, oh Gott, Sch...«

»Soweit klar?«

»Ja.«

»Wenn *du* ihm die Macht darüber gegeben hast, gibt es nur eine Person, die das ändern kann.«

»Ich ... Ich muss das echt verdauen, aber mach weiter ...«

»Wodurch hast du ihm die Macht über dein Glück, dein Leben gegeben?«

»Weil ich an dem ganzen alten Mist festhalte.«

»Genau, und weil die Wut und Verbitterung dein Glück einschränken.«

»Und jetzt?«

»Wenn ich dir jetzt sage, dass du ihm die Macht über dein Glück gibst, indem du ihm nicht vergibst, kannst du das nachvollziehen?«

»Es dämmert mir so langsam ... Ich weiß aber immer noch nicht, wie ...«

»Ein Schritt nach dem anderen. Ich glaube, da ist noch etwas anderes – das, was wir am Anfang angeschnitten hatten. Kann es sein, dass es nicht nur seine Taten sind, derentwegen du glaubst, ihm nicht vergeben zu können? Kannst du ihm vielleicht auch deshalb nicht vergeben, weil du noch nicht weißt, wie du dann Grenzen setzen sollst?«

»Absolut, denn wenn wir verbal Kontakt haben, ist er manchmal immer noch übergriffig und verletzend.«

»Heißt, die Strategie funktioniert nicht so wirklich.«

»Ich weiß nicht, ich lasse ihn dadurch nicht wirklich an mich heran.«

»Ist der Zustand zufriedenstellend?«

»Nicht wirklich, aber es hilft.«

»Sicherlich, gefühlt ein Stück, aber nicht wirklich erstrebenswert.«

»Da hast du recht.«

»Ich würde vorschlagen, du machst eine Liste, wo deine Grenzen sind, speziell für ihn. Erinnere dich an Situationen, in denen er deine Grenzen überschritten hat, und formuliere deine Grenzen entsprechend. War das verständlich?«

»Ja.«

»Wenn wir das haben, wird es einfacher, die durch Nichtvergeben aufgestellten Ersatzgrenzen aufzugeben, und du kannst die ersten Schritte in Richtung Vergebung gehen.«

In manchen Momenten und Situationen stellen wir fest, dass es noch schwieriger ist, uns selbst zu vergeben, als anderen zu verzeihen. Vielleicht neigen wir dazu, mit uns selbst noch viel härter ins Gericht zu gehen als mit anderen. Vielleicht haben wir extrem hohe Ansprüche an uns selbst. Vielleicht haben wir noch weniger gelernt, uns selbst zu vergeben, als wir gelernt haben, anderen zu verzeihen.

Vielleicht haben wir auch gelernt, dass wir uns unsere Fehler und Schwächen nicht selbst verzeihen dürfen, sondern auf Vergebung von anderen angewiesen sind, und solange von anderen nichts dergleichen kommt, enthalten wir uns jegliche Vergebung vor.

»Ich hätte es viel früher merken müssen.«

»Vielleicht.«

»Doch, es gab Anzeichen. Jede Menge, wenn ich jetzt zurückdenke.«

»Es ist generell eine schlechte Idee, sein eigenes Verhalten in der Vergangenheit mit den Erkenntnissen aus der Gegenwart zu beurteilen.«

»Ja, schon, aber ein paar Sachen sind mir gleich aufgefallen. Er war manchmal so abwesend. Er hat so viel von alten Beziehungen erzählt, manchmal sehr charmant, dann wieder kalt wie ein Stein. Das waren nicht einfach Launen. Es war, als hätte ich zwei Personen vor mir gehabt.«

»Und wie bist du in dem Moment mit den Beobachtungen umgegangen?«

»Ich war einfach verliebt. Ich habe es nicht ernst genommen, an die Seite gedrängt.«

»Was auch heißt, du hast dich nicht ernst genommen.«

»Ja, eigentlich hätten alle Alarmlampen angehen müssen.«

»Merkst du den aggressiven Grundton, in dem du gerade sprichst?«

»Das Ganze wühlt mich immer noch ziemlich auf.«

»Das meine ich nicht, der Ton schwingt immer dann mit, wenn du von dir erzählst – mehr als wenn du von ihm erzählst.«

»Wie habe ich nur so blöd sein können.«

»Genau *das* meinte ich, hörst du's?«

»Ja, aber ich verstehe mich selbst nicht.«

»Du hast mir erzählt, dass Freunde dich gewarnt haben.«

»Ja und ich habe einfach weitergemacht.«

»Was würdest du sagen, wenn du von deinen Freunden jetzt nur Sätze wie diese hören würdest: ›Siehst du, du hast nicht auf uns gehört. Das hast du jetzt davon, wir haben es dir gesagt. Selbst schuld, du warst einfach blöd.‹«

»Na, ich würde mich bedanken!«

»Ironischerweise machst du genau das mit dir, was du, käme es von deinen Freunden, bestimmt nicht dulden würdest.«

»Stimmt.«

»Und ich höre kein bisschen Mitgefühl oder Bereitschaft, dir dein eigenes Handeln zu verzeihen. Du hackst einfach in einer Endlosschleife auf dir selbst herum. Irgendeine Idee warum?«

»Vielleicht, um mir einzubläuen, was ich da gemacht habe.«

»Und, hast du es dir eingebläut?«

»Ich habe einfach Angst, dass ich es wieder mache.«

»Das ist verständlich, aber nicht logisch und kann einen meiner Erfahrung nach nicht vor Wiederholungen bewahren. Was du gerade versuchst, ist etwa so, wie wenn du dich an die Tafel stellst und dich selbst tausend Mal *Ich werde im Unterricht besser aufpassen* schreiben lässt.«

»Ja, aber wie kann ich sicher sein, dass es mir nicht noch einmal passiert?«

»Lass uns erst mal schauen, was nicht funktioniert. Vereinfacht formuliert bestrafst du dich im Moment selbst, indem du dir diesen Fehler immer wieder vorhältst, indem du dir nicht vergeben willst. Wenn Strafe verhindern könnte, dass Fehler noch einmal begangen werden, dann wäre Kinder- und auch Erwachsenenerziehung ganz einfach, ist sie aber nicht. Nichtsdestotrotz machst du es, weil du es, wo auch immer, so gelernt hast. In heiklen Situationen greifen wir immer auf Erlerntes zurück, egal ob es sinnvoll ist oder nicht.«

»So gesehen ... Ich will mir ja nicht ständig eine reinhauen.«

»Das ist schon einmal ein Anfang. Zum einen ist wiederholtes Bestrafen sehr unangenehm, zum anderen wird es dich nicht daran hindern, den Fehler wieder zu machen, wenn dahinter eine tiefere, vielleicht unbewusste Motivation steht. So weit, so gut. Die andere Sache ist, dass du den Fehler sehr nahe bei dir hältst, indem du ihn dir immer wieder vor Augen führst. Auch nicht sehr angenehm.«

»Okay, das verstehe ich. Aber was kann ich tun, damit ich nicht wieder alle Alarmzeichen übersehe, wenn ich jemanden kennenlerne?«

»Als Erstes müssen wir die Endlosschleife öffnen. Das funktioniert durch Mitgefühl und Vergebung, denn du hast es ja nicht aus böser Absicht getan. Dann und erst dann können wir schauen, weshalb du alle Alarmzeichen übersehen hast.

Was empfindest du im Moment dir gegenüber, wenn du an die vergangene Situation denkst?«

»Verachtung ... Abscheu ... Hoffnungslosigkeit.«

»Und was wünschst du dir im Moment am meisten von deinen Freunden in der Situation?«

»Dass sie für mich da sind, auch wenn es mir nicht gutgeht, Verständnis, Mitgefühl.«

»Ein ziemlicher Kontrast ...«

»Das merke ich auch, jetzt, wo ich das so gesagt habe.«

»Das Ziel wäre, dich dir selbst gegenüber so zu verhalten, wie du es von anderen erwartest, und dass deine Selbstgespräche die Gespräche reflektieren, die du dir mit Freunden wünschst.«

Übung

- Sorge dafür, dass du 30 Minuten *sicher* ungestört bist, denn jedes Telefonat ist eine willkommene Ablenkung.
- Vielleicht ist dir beim Lesen dieses Kapitels schon der eine oder andere Name von jemandem eingefallen, gegen den du Groll hegst und dem du noch nicht vergeben hast. Schreibe die Namen auf einen Zettel.
- Stelle sicher, dass du niemanden vergessen hast, auch dich selbst nicht. Lies dir das, was weiter oben über die Anzeichen dafür, dass du jemandem noch nicht vergeben hast, steht, noch einmal durch.
- Unterdrücke und verurteile nichts von dem, was dir während der Übung durch den Kopf geht. Lass es für den Moment da sein, aber halte es nicht fest.

Ich empfehle Klienten, sich für einen Monat außer ihrem eigenen noch einen Namen aus der Liste auszuwählen und eine der beiden folgenden Übungsvarianten täglich auszuführen.

Folgeübung Variante 1

Bete einen Monat lang jeweils nacheinander für dich selbst und die andere Person.

Folgeübung Variante 2

Manchmal liegt in der Einfachheit alles, was man braucht. Was ich Klienten, die nicht vergeben können, oft mit auf den Weg gebe, ist die Aufgabe, folgenden Satz täglich fünf Minuten lang zu wiederholen, und zwar einen Monat lang.

»Ich vergebe/verzeihe dir (Name)/mir.«

Wichtig dabei ist, dass man einfach anfängt, den Satz gebetsartig zu wiederholen, egal ob man ihn am Anfang glaubt oder nicht, sich wie ein falscher Fuffziger vorkommt, sich gerade danach fühlt oder nicht (fünf Minuten einmal täglich, 30 Tage lang).

Dabei kann es passieren, dass du in Kontakt mit allem kommst, was du jemals über Vergebung gelernt hast. Das heißt, während du den Satz »Ich vergebe/verzeihe dir/mir« immer und immer wieder sagst, schleichen sich Gedanken ein wie: »So einfach mache ich es ihm/ihr nicht.«

Schreibe alle diese Gedanken auf ein Blatt Papier oder in dein Tagebuch. Das Unterbewusstsein ist viel weniger geneigt, an etwas festzuhalten, wenn es irgendwo niedergeschrieben ist.

Sollte es noch zu schwierig sein, »alles« zu vergeben, kann der Satz »Ich vergebe ...« zunächst nur kleinere Aspekte ansprechen.

Folgeübung Variante 3

Stelle dir einen Kelch in deinem Herzen vor. Er enthält Erinnerungen an die schmerzlichen Gefühle, die du in deinem Leben empfunden hast (du hast sie vielleicht schon vergeben oder auch nicht).

Schöpfe diese Erinnerungsflüssigkeit nun mit einem kleinen Löffel vorsichtig aus dem Kelch in deinem Herzen und gieße sie in die Hände einer göttlichen Präsenz, der du vertraust.

Kapitel 10

Auf der Suche nach dem neuen Glück

Wenn man sich nach einer Trennung wirklich Zeit gegeben hat für Tränen, Trauer, Wut, Resignation und Rückzug, kommt schließlich der Punkt, an dem man neue Hoffnung fasst. Ein zartes Pflänzchen wächst, man streckt die Fühler wieder aus, nimmt die Männer-/Frauenwelt wieder wahr, sieht potenzielle Partner um sich herum, und der Wunsch, einen Partner, *den* Partner fürs Leben zu finden, blüht neu auf.

Man sehnt sich nach Freude, Liebe, Leichtigkeit und Schmetterlingen im Bauch. Nach all der Schwere, dem Abschied, dem Schmerz und der Hoffnungslosigkeit, man will endlich heraus aus dem dunklen Tal, die Sonnenseite des Lebens wieder genießen und mit jemandem, durch jemanden glücklich sein. Diese Sehnsucht bringt viel Gutes mit sich, aber auch potenzielle Gefahren, Schlaglöcher auf dem Weg zum Glück. Das Gute daran ist, dass man jetzt endlich wieder durchatmen, die Sonnenseite einer neuen Liebe in vollen Zügen genießen und neue Kraft tanken kann. Und wie sehen die Schlaglöcher aus?

Ein großes und gefährliches Schlagloch besteht darin, diesmal alles anders machen und den Partner wie aus dem Katalog aussuchen zu wollen. Es ist in jedem Fall wichtig, dass man sein Herz in vertrauenswürdige Hände gibt und dass die drei Grundpfeiler einer Beziehung intakt sind (siehe Kapitel 3). Ein anderes, bei genauerer Betrachtung durchaus ähnliches Schlagloch ist, Gott oder dem Göttlichen eine Art Einkaufsliste zu schreiben, auf der genau bis hin zur Augenfarbe festgehalten ist, was der künftige Partner mitbringen muss, um eine Chance zu haben. Was mich an dieser Herangehensweise immer verwundert, ist, dass man dem Göttlichen so wenig zutraut. Man stelle sich vor, Gott sitzt ohne deine detaillierte Einkaufsliste hoffnungslos überfordert auf einer Wolke, schüttelt den Kopf und sagt: »Ich weiß nicht, wen ich ihr geben soll. Das überfordert meine Intelligenz.« Es ist meine Überzeugung, dass Gott keine Einkaufsliste braucht, sondern eher ein offenes Herz, um uns den Partner geben zu können, der wahrlich zu uns passt und den wir nicht »zurückschicken« müssen, weil er in der falschen Verpackung geliefert wurde. Die andere Gefahr bei solchen »Bestellungen« ist, dass wir uns nur das wünschen und vorstellen können, was wir kennen, was zu unserem Erfahrungsschatz gehört und was daher zwangsläufig in unserer Vergangenheit liegt. Auf diese Weise projizieren wir die Vergangenheit in die Zukunft, ohne es zu wollen.

Übung

Klienten, die immer wieder mit dem gleichen Typ Mensch liiert sind, nur in unterschiedlichen Körpern, empfehle ich die folgende Übung. Sie hilft ihnen, sich klar zu machen, was sie überhaupt von einem Partner möchten, außer in ihn verliebt zu sein.

- Mache eine Liste aller Eigenschaften, die dein zukünftiger Partner haben muss. Liste alle nicht verhandelbaren Punkte auf, alles, wovon du sagst: »Ohne das kann und will ich definitiv nicht leben.« Deine Liste sollte auch Werte enthalten, die deinen ähnlich sind (siehe Kapitel 3).
- Mache eine zweite Liste mit Eigenschaften, die zu haben zwar schön wäre, die den »Vertrag« aber nicht wirklich scheitern lassen.

Diese Listen sind sehr hilfreich, wenn das Gehirn sich abmeldet, man aber eigentlich einen klaren Kopf braucht. Man kann sie allerdings auch missbrauchen, indem man sie auf der Suche nach Mr. bzw. Ms. Perfect zur eigenen Bibel macht.

- Stell dir vor, eine Person mit den Eigenschaften aus beiden Listen stünde dir gegenüber.
- Stell dir dann für einen Moment vor, dass du selbst diese Person bist, also die perfekte Verkörperung der von dir festgelegten Eigenschaften.
- Preisfrage: Wärst du ihre/seine erste Wahl?

Ein weiteres mögliches Schlagloch ist zu denken: »Es bleibt für immer so. Jetzt habe ich den Richtigen gefunden. Jetzt wird alles anders.« Der Wunsch nach dem »Und sie lebten glücklich bis ans Ende ihrer Tage« ist eine der größten Fallen und eine große Bürde für jede neue Beziehung. Denn auch in der besten, stabilsten, integersten und weisesten Beziehung gibt es Höhen und Tiefen – Zyklen wie Winter und Sommer, Tag und Nacht, Licht und Schatten. Dies zu verdrängen, die Augen davor zu schließen, es zu ignorieren, nimmt jeder Beziehung den Lebenssaft. Ebenso wenig wie du zu einer Pflanze sagen kannst »Wachse schneller. Wirf keine Blätter ab. Du musst immer schön aussehen. Wachse gerade. Warum wächst du nach links?«, kannst du auch eine Beziehung nicht kontrollieren, ohne das Leben in ihr zu ersticken.

Es wird Tage und Wochen geben, in denen sich dein Partner in einer Weise verändert, wie du es nie gedacht hättest; Zeiten, in denen er buchstäblich Blätter abwirft wie eine Pflanze, was ihn nicht gerade attraktiv erscheinen lässt. Niemand ist immer attraktiv. Manchmal gibt es Bürden und Schicksalsschläge, die deinen Partner schief wachsen lassen, wo er in deiner Vorstellung doch immer schön gerade war. Dann wirst du enttäuscht sein, weil du damit nicht gerechnet hast und immer noch an einen ewigen Sommer glaubst. Dein Gebet sollte nicht sein, dass immer alles leicht und perfekt ist, sondern jemanden durch alle Höhen und Tiefen zu lieben, der das Gleiche tut.

»Wir sind schon zehn Jahre verheiratet. Ich kenne ihn so nicht.«

»Wie?«

»Er ist für gar nichts zu begeistern. Ich glaube, er ist depressiv, seit seine Firma umstrukturiert hat und er ein Hütchen im Spiel ist und keine wirkliche Aufgabe mehr hat. Er hat zwar noch seine Position, aber keine wirkliche Entscheidungsgewalt mehr.«

»Gab es in den letzten zehn Jahren irgendeine vergleichbare Situation?«

»Nein, er ist immer in seinem Beruf aufgegangen.«

»Und privat?«

»Ich muss sagen, es waren wirklich zehn gute Jahre. Klar, kleinere Meinungsverschiedenheiten, aber nichts, was uns aus der Bahn geworfen hätte, nicht annähernd vergleichbar mit der jetzigen Situation.«

»Und wenn du jetzt auf die letzten zehn Jahre zurückblickst, wie fühlt es sich an?«

»Ich will, dass es wieder so wird.«

»Das ist kein Gefühl.«

»Ich bin wütend. Er könnte sich einfach mehr zusammenreißen. Wie du gesagt hast, alles ist wirklich gut gelaufen. Es gab keinen Schicksalsschlag, unsere Kinder sind gesund, wir hatten, soweit zumindest, keine Probleme, wir sind gesund, wir stehen finanziell gut da, wir haben eigentlich ein schönes Leben, aber das alles sieht er nicht.«

»Moment, um Missverständnissen vorzubeugen, ich habe nicht gesagt, weil alles gut gelaufen ist so weit, muss er irgendwas tun oder lassen.«

»Nicht?«

»Nein, die Frage war: ›Was spürst du, wenn du auf die letzten zehn Jahre zurückblickst?‹«

»Habe ich das nicht schon beantwortet?«

»Du hast gesagt, dass dich die momentane Situation wütend macht, aber meine eigentliche Frage nicht beantwortet.«

»Hmm ... eigentlich ganz zufrieden.«

»Das hört sich nicht sehr überzeugend an. Wie steht es mit Dankbarkeit?«

»Ja, dankbar bin ich auch.«

»Also, das habe ich jetzt eher aus dir rauskitzeln müssen, aber lassen wir es erst mal so stehen. Ohne Dankbarkeit für das, was war, wirst du nicht sehr weit kommen in der momentanen Situation.«

»Ich bin eher frustriert als dankbar.«

»Ich sage nicht, dass du für die jetzige Situation dankbar sein sollst, aber kannst du für die zehn Jahre dankbar sein, in denen alles ziemlich glatt gelaufen ist?«

»Ich kann es versuchen.«

»Kannst du zum einen eine Liste der Dinge machen, für die du dankbar sein kannst, und dir diese Dinge zum anderen regelmäßig in Erinnerung rufen?«

»Mache ich, aber was mich viel mehr beschäftigt ist: Ich erkenne ihn nicht wieder.«

»Lass uns das umdrehen. Für welche Eigenschaften, die er hat, bist du dankbar, auch wenn du sie im Moment nicht in ihm erkennen kannst?«

»Er war immer zuverlässig und stark. Ihn hat nichts so einfach umgeworfen.«

»Kannst du tief ein- und ausatmen und wirklich deine Anerkennung dafür spüren, statt es mir wie eine Einkaufsliste vorzulesen mit leicht vorwurfsvollem Unterton.«

»Okay.«

»Sag es noch einmal, aber diesmal nicht als Einkaufsliste.«

»Er war ... das ist gar nicht so einfach.«

»Das ist okay, atmen!«

»Er war immer ganz anders ...«

»Pass auf, dass du nicht wieder in einen Vorwurf abrutschst. ›Anders‹ klang eher nach einer verbalen Ohrfeige. Fang einfach mit ›Ich bin dankbar‹ an.«

»Ich bin dankbar ... dass er da war. ... Ich fange gleich an zu heulen. ... Ich konnte immer auf ihn bauen.«

»Merkst du, dass dir Dankbarkeit so schwer fällt, weil sie dich verletzlich macht, während draufhauen viel einfacher ist ...«

»Ja ... aber ich muss ja jetzt diejenige sein, die stark ist, wenn ich noch zusammenklappe ...«

»Dann?«

»Das geht nicht.«

»Das werden wir sehen. Was nicht hilft, ist draufzuhauen, ihn für seine Schwäche zu verurteilen und dir selbst das zu versagen, was in deinen Augen Schwäche ist und was ich Verletzlichkeit nennen würde.«

»Aber was soll ich machen?«

»Ich glaube, es wäre erst mal sinnvoll zu schauen, was du nicht machen kannst, obwohl du es versuchst. Du kannst ihn nicht in seinen vorherigen Zustand zurückversetzen.«

»Schade.«

»Wenn wir die Option streichen, dass du versuchst, ihn stark zu machen, was er im Moment nicht sein kann, bleibt die Frage, ob er schwach und unterlegen sein darf.«

»So habe ich mir das nicht vorgestellt, dass ich einen Mann zu Hause habe, der lethargisch und ein Häufchen Elend ist.

»Im Moment ist er das. Ich sage nicht: ›Akzeptiere, dass er für die nächsten zehn Jahre so ist‹«, aber ich frage dich: ›Kannst du für den Moment akzeptieren, dass er schwach ist? Kannst du dein Bild, wie eure Beziehung zu sein hat, loslassen?‹«

»Das habe ich versucht, aber es deprimiert mich.«

»Schildere mir mal genau, wie du es versucht hast.«

»Ich habe ihn einfach gelassen, habe ihn abwesend und schweigend ertragen, habe ertragen, dass er wie ein Geist durch unser Haus schleicht. Er will einfach nicht mit mir reden – seit *Monaten*. Ich kann es nicht mehr, er zieht mich mit runter.«

»Ich fasse mal zusammen: Du hast so weit zwei Dinge versucht. Zum einen hast du es ertragen und zum anderen hast du gehofft, dass alles wieder so wird, wie es war, wenn du es nur willst. (›Ich will, dass es wieder so wird.‹) Beides funktioniert nicht.«

»Genau.«

»Nochmals die Frage: ›Darf er schwach sein?‹«

»Ich weiß nicht, wie ich damit umgehen soll.«

»Dazu kommen wir noch. Darf er?«

»Es fällt mir schwer, das zuzulassen oder überhaupt anzuschauen.«

»Du lernst eine neue Seite von ihm kennen. Er ist geschwächt, verletzlich. Was er sich in der Firma über Jahre aufgebaut hat, ist über Nacht weg. All das zwingt dich, wenn du nicht länger leiden willst, der neuen Seite, die er dir zeigt, mit Verletzlichkeit zu begegnen, denn indem du ihr mit Härte begegnet bist, warst du nicht gerade erfolgreich. Männer lernen zwei Dinge in der Regel sehr früh: sich sehr stark über ihren Beruf zu identifizieren und keine Schwäche zu zeigen. Beides ist ihm im Moment nicht möglich. Dich verletzlich zu zeigen, heißt, an den Punkt zurückzufinden, an dem du vorhin warst, an dem dir die Tränen kamen.«

»Ich weiß nicht wie.«

»Indem du Dankbarkeit empfindest für das, was war, und auch für das, was jetzt ist. Ihr habt im Moment die Chance, euch anders und verletzlicher zu begegnen als früher. Das fällt dir bisher noch schwer, weil du es nicht gewohnt bist. Kannst du dich an eine

Situation erinnern, in der du keine Kraft in dir selbst finden konntest, was immer du auch versucht hast?«

»Als meine Mutter gestorben ist, viel zu früh ...«

»Wenn jemand gekommen wäre, als du um deine Mutter getrauert hast und keine Kraft hattest, und krampfhaft nach der Person gesucht hätte, die er oder sie kannte, bevor deine Mutter gestorben ist ...«

»Eine Freundin hat das versucht. Ich habe es ihr nie verziehen. Es war einfach grausam von ihr, jemanden, der am Boden liegt, zu bombardieren mit ›Reiß dich mal zusammen. Das bist doch nicht du. So kenne ich dich nicht. Das kann doch nicht ewig so weitergehen. Du bist nicht mehr du selbst ...‹. Das mache ich mit ihm.«

»Genau, und pass auf, dass du jetzt nicht aus Schuld agierst, dass du nicht netter zu ihm bist, weil du dich wegen deines Verhaltens in den letzten Monaten schuldig fühlst. Lass vielmehr zu, dass ihr euch in seiner Verletzlichkeit trefft. Begegne ihm mit Empathie, sodass sein Schmerz da sein darf, und dann schauen wir weiter.«

Mangel

Eine andere Gefahr besteht darin, dass wir unser Glück auf eine Person, die Zukunft, bestimmte Umstände oder die Hoffnung darauf projizieren, also auf äußere Faktoren, die wir nicht kontrollieren können.

Wenn ich Klienten frage, warum sie eine neue Beziehung möchten, bekomme ich nach einem Moment des erstaun-

ten Schweigens oft zu hören: »Ist das denn nicht normal?«
Sicherlich ist der Wunsch nach einer neuen Beziehung normal, aber mir geht es bei dieser Frage eher um die Motivation hinter diesem Wunsch. Man kann den Wunsch nach einer neuen Beziehung grob in zwei Kategorien einteilen: den Wunsch, der aus einem Mangel heraus geäußert wird, und den Wunsch, der aus der Fülle kommt.

Wenn der Wunsch einem Mangel entspringt, wird die treibende Kraft Angst sein, begleitet von allen Gefühlen, die aus der Angst erwachsen. Es kann die Angst sein, dass man niemanden mehr findet; die Frustration darüber, dass alle einen Partner haben und man selbst das fünfte Rad am Wagen ist (was sich schnellstens ändern muss); das Gefühl, dass man erst wieder komplett sein kann, wenn man einen Partner hat, oder auch, dass man einfach mal wieder verliebt sein will. Auf jeden Fall suchen wir jemanden, der diesen Mangel beseitigt und das Loch in uns auffüllt. Unsere Motivation ist der Mangel, den wir empfinden. Diese Herangehensweise bringt verschiedene Probleme mit sich. Zum einen wird unsere Wahl nicht besonders gut ausfallen, wenn wir sie aus einem Mangel heraus treffen. Zum anderen kann das Ergebnis dieser Wahl nicht anders sein als das, was unsere Motivation uns vorgegeben hat. Wenn Mangel die Motivation ist, wird auch das Ergebnis Mangel sein.

Ich möchte dies an einem Phänomen verdeutlichen, das jeder schon einmal im Alltag erlebt hat. Der Tag war eher bescheiden, und man will sich endlich etwas Gutes tun, dafür belohnen, dass man das alles gut überstanden hat. Also geht man in die Stadt, um sich etwas Nettes zu kaufen. Nun gibt es mehrere Möglichkeiten: Man findet nichts und ist am Ende noch frustrierter oder man ist frustriert, weil man zu viel Geld ausgegeben hat, oder das, was man gekauft hat, gefällt einem zwei Tage später nicht mehr. Frustkäufe und das Gefühl, dass man den Mangel mit einem neuen Kleid, einem neuen Paar Schuhe, einem neuen Anzug beheben kann, vergrößern den Mangel eher noch oder betäuben ihn nur kurzfristig.

Das Gleiche gilt für die Partnerwahl. Mangel ist ein schlechter Wegbegleiter zu einem neuen Partner, und es ist durchaus wahrscheinlich, dass man nach einiger Zeit feststellt, dass der Partner das Energieloch in einem selbst eher noch vergrößert hat, als es aufzufüllen, wie man es sich erhofft hatte.

Ein weiser Ratgeber für die Partnerwahl ist ein volles Herz, ein Leben, in dem man keinen Partner *braucht,* um das Loch in einem selbst zu stopfen. Das heißt nicht, dass man sich nicht von ganzem Herzen einen Partner *wünscht.* Aber gleichzeitig (und das ist die wichtige Unterscheidung) macht man sein Wohlbefinden nicht davon abhängig. Ein Mensch, der sich mit offenem Herzen eine Beziehung wünscht, ist eine sehr attraktive Erscheinung. Ein Mensch, der krampfhaft nach einer Beziehung sucht, damit er endlich wieder glücklich sein kann, nicht.

Man merkt oft auch in anderen Lebensbereichen, dass man das Beste dann bekommt, wenn man gar nicht damit rechnet, wenn man zwar einen konkreten Wunsch hat, sich aber nicht daran festbeißt, sondern sein Leben in vollen Zügen lebt. Und plötzlich gehen Türen auf, die vorher fest geschlossen waren.

Wenn das Leben ein Fluss ist, können wir es nur dann wirklich mit all seinen Licht- und Schattenseiten genießen, wenn wir in diesem Fluss sind, mit diesem Fluss schwimmen. Solange wir am Ufer stehen, haben wir das Gefühl, dass der Fluss schnell an uns vorbeizieht, ähnlich wie wir das Gefühl haben, dass die Zeit schnell an uns vorbeizieht, solange wir nicht wirklich im Leben sind. Wir stehen am Ufer und arbeiten unsere Liste der zu erledigenden Aufgaben ab. Und wenn wir kurz aufschauen, ist schon so viel Wasser den Fluss hinuntergeflossen, und wir haben es gar nicht gemerkt.

Kein Leben, keine Liebe, keine Beziehung, kein Partner kann voll und ganz erlebt werden, wenn wir uns nicht ganz darauf einlassen und im Wasser schwimmen.

Ich glaube, wenn wir uns verlieben, gibt es einen Moment, eine Zeit, in der wir den anderen wirklich und wahrhaftig sehen können. Ich liebe den Satz von Maya Angelou: »Das erste Mal, wenn dir jemand zeigt, wer er wirklich ist, glaube ihm.« Ich würde ergänzen: »... wenn dir jemand *im Guten wie im Schlechten* zeigt ...« Das Gute ist in der ersten Verliebtheit oft einfacher zu sehen und zu glauben. Dem Schlechten schenken wir in der Hektik des Alltags oft keine Beachtung. Wir verdrängen es, wischen es weg, aber Jahre oder Jahrzehnte später kommt es wieder zum Vorschein – meist in Verbindung mit einer sehr schmerzhaften Erkenntnis. Eine Klientin berichtete mir, ihr Freund habe ihr ganz am Anfang ihrer zehnjährigen Beziehung erzählt, dass ihn seine Freunde als selbstverliebt bezeichneten. Sie habe das damals für eine Art Koketterie gehalten, aber im Laufe der Jahre sei ihr klar geworden, dass er wirklich selbstverliebt war. Viele Männer sagen gleich zu Anfang: »Ich mag dich, aber ich bin nicht bereit für eine Beziehung«, was bei Frauen oft so eine Art Retterinstinkt hervorruft. Sie meinen dann, ihm zeigen zu müssen, was er verpasst, wenn er nicht bereit ist, eine Beziehung einzugehen, anstatt sich zu sagen: »Gut, dann eben nicht«. Man hat fast den Eindruck, dass sie es als eine Niederlage ansehen, wenn sie an diesem Punkt »aufgeben«, oder dass sie seine Entscheidung als ein Zeichen dafür nehmen, dass sie nicht genug sind. Doch warum sollte jemand eine Beziehung unter solchen Voraussetzungen eingehen wollen, wenn nicht aus einem Mangel heraus? Weil man vielleicht fürchtet, bald zu alt für eine Beziehung zu sein, oder dass möglicherweise nichts Besseres nachkommt. Ich liebe den Satz von Marianne Williamson: »Wenn der Zug nicht an deiner Station hält, ist es nicht dein Zug.«

Übung: Mangel

Der alltägliche Mangel, den wir empfinden, ist oft so in unser Denken und Handeln integriert, dass wir ihn kaum noch wahrnehmen, sondern für »normal« halten. In dieser Übung decken wir die kleinen und großen Mängel auf, die uns durch unser Leben begleiten.

Notiere dir an einem ganz normalen Tag, wie oft und wann du denkst oder sagst: Ich habe nicht genug (Zeit oder Kraft etc.). Ich bin nicht genug (attraktiv genug, ehrgeizig genug etc.).

Mach eine Liste dessen, was dich an deinem Äußeren und in deinem Inneren verändern muss, damit du gut genug bist für eine Beziehung oder für die Art von Beziehung, die du haben willst.

Schreibe auf, in welchen Lebensbereichen und Situationen du gern und oft vergleichst, und finde den Mangel dahinter. (Beispiel: Ich vergleiche mein Gewicht mit dem meiner Umwelt. Mangel: Ich bin nicht dünn genug. Beispiel: Ich vergleiche, wie attraktiv mich Männer finden, mit den »Attraktivitätsquotienten« meiner Freundinnen. Mangel: Ich bin nicht attraktiv genug.)

Schreibe auf, in welchen Bereichen deines Lebens du zu Perfektion neigst. Finde den Mangel. Dieser Mangel kann nicht behoben werden, solange du kein Mitgefühl mit dir selbst hast. Geh zurück zu Kapitel 7 und mache die Übungen »Die inneren Stimmen austauschen« (Seite 172) und »Die idealen Eltern« (Seite 173).

Das ganz große Glück ist das ganz kleine Glück

>*»Viele Menschen versäumen das kleine Glück, während sie auf das große vergebens warten.«*
>
> Pearl S. Buck

Auf die Frage, was Glück ist, würde ich zwei Antworten geben:

Erstens: *Glück kann nur in der Gegenwart liegen.* Es sind die kleinen unvollkommenen, alltäglichen Dinge, die uns oft unwichtig und störend vorkommen, wenn wir uns nicht ganz auf sie einlassen, weil wir im Moment Wichtigeres zu tun haben und glauben, später noch Zeit dafür zu haben.

Glück ist, seinen Partner mit allen Unvollkommenheiten zu lieben und selbst mit allen seinen Eigenheiten geliebt zu werden.

Zweitens: *Glück ist, ein Leben zu führen, das für uns von Bedeutung ist.*

> »Glücklich ist nicht, wer anderen so vorkommt, sondern wer sich selbst dafür hält.«
>
> Seneca

Dank

Danke an Jakob Mallmann und Klaus Fricke und Peggy Walker, die mich unter ihre Fittiche genommen haben und dieses Buch zu einem durchweg positiven Erlebnis gemacht haben.

Danke an Christine Weiner als Geburtshelferin dieses Buches und als Hebamme für alle Fragen, Zwischenfragen und anderen Zipperleins.

Danke an Juliane Molitor, die Lektorin an meiner Seite, die auf Anhieb verstanden hat, worum es mir ging. Dein Input hat es zu einem besseren Buch gemacht.

Danke an Annette Auch-Schwelk für all deine Inspirationen, dein offenes Ohr, deine Hilfestellungen und unsere Freundschaft.

Danke an Jerry Thomas für alles.

Danke an David Stanger, dass du mich mehrmals wieder auf Kurs gebracht hast.

Danke an Eva Klett, dass du mir den Rücken frei gehalten hast.

Danke an Judy Tache für jede Hilfestellung, auch in letzter Minute.

Danke an Christine Reiser, ohne deine schnelle Hilfe wäre mein Kopf nicht frei gewesen, um die letzten zwei Kapitel zu schreiben.

Danke an all meine Klienten, durch euch lerne ich, ohne euch wäre das Buch nicht mit Leben gefüllt.